"PGG"
学本课堂创新与实践研究

陈 君 ◎ 主编

西南大学出版社

图书在版编目（CIP）数据

"PGG"学本课堂创新与实践研究 / 陈君主编. --重庆：西南大学出版社，2022.7
ISBN 978-7-5697-1464-7

Ⅰ.①P… Ⅱ.①陈… Ⅲ.①课堂教学－教学研究－高中 Ⅳ.①G632.421

中国版本图书馆CIP数据核字(2022)第103321号

"PGG"学本课堂创新与实践研究
"PGG"XUEBEN KETANG CHUANGXIN YU SHIJIAN YANJIU

陈君 主编

责任编辑	于诗琦
责任校对	谭 玺
装帧设计	闻江文化
照 排	王 兴
出版发行	西南大学出版社（原西南师范大学出版社）
地 址	重庆市北碚区天生路2号
邮 编	400715
电 话	023-68868624
经 销	新华书店
印 刷	重庆华数印务有限公司
幅面尺寸	170mm×240mm
印 张	14.75
字 数	270千字
版 次	2022年7月 第1版
印 次	2022年7月 第1次印刷
书 号	ISBN 978-7-5697-1464-7
定 价	68.00元

前 言

点燃生命之光,赋能幸福人生

曲靖市麒麟高级中学位于彩云之南,珠江之源,曲靖历史悠久,爨文化源远流长。"麒麟者,仁兽也。牡曰麒,牝曰麟。"麒麟成为盛世、吉祥、和平、长寿的象征。麒麟高中始建于2006年,历时14年的奋斗,已经形成了独特的"靖教育"学校文化。自2019年以来,麒麟高中以习近平新时代中国特色社会主义思想为指导,大胆创新,锐意改革,结合学校实际,进一步发展素质教育,推动高中课程改革,践行"课堂革命"。在中国教育科学研究院韩立福教授的智慧引领下,积极创建以学习者学习为中心的学本课堂。以立德树人为首,以课堂改革为中心,以发展核心素养为目标,创新教育科研,探索综合素质评价。经过两年多的探索和实践,取得了一系列教育改革成就。

一、以"三治管理"为途径,实现立德树人全程化、团队化、情感化

党的十八大报告指出:"把立德树人作为教育的根本任务,培养德智体美全面发展的社会主义建设者和接班人。"首次把立德树人确立为教育的根本任务。麒麟高中以"三治管理"为途径,把立德树人贯穿于学生学习生活的全过程,并创新性地将立德树人引入团队建设中,大胆创新原来的主题班会,让每位班主任上好"情感发展体验课",取得了十分理想的效果。主要采取了以下有效措施:

(一)实施全程化的"三治管理"

"三治管理"是指在小组合作团队学习机制下引导学生实现自治、组治、班治。每个班级都创建小组合作团队学习机制,班级管理走向双元(学术和行政)管理体系,其中行政体系是由班长和小组长构成,负责"认真学"的保障体系。这个体系的主要职责是研究学习态度、学习情感、学习动力、学习意志、学习方法、学习习惯、学习表现等。首先是让学生进行自我管理和自我评价,实现"自治";

其次是实施小组德育承包化管理,要求小组长全面负责本组的德育行为,发现问题及时指导和解决,实现"组治"。将解决不了的问题记录下来,提交全班行政团队会议来解决;最后由班长组织召开全班行政团队会议,与班主任一起解决各组存在的德育问题,通过全班行政团队会议来实现"班治"。通过"三治管理",使立德树人实现全程化、全员化。

(二)立德树人渗透进学科教学中,发挥学科德育的积极作用

引导每位教师向学科教学渗透立德树人,首先在备课过程中,要注重"情感、态度、价值观"的目标研究,深挖学科内容中蕴含的德育要素、情感价值、生活意义。学校通过这一目标的创新性研究,让学生喜欢本学科的学习,形成科学的价值观,使立德树人教育取得"润物细无声"的效果;其次学科教师在课堂教学中,结合学科知识,传递科学的人生观、世界观、价值观,帮助学生辨别是非,树立社会主义核心价值观;再次,教师在课外拓展活动中,应组织学生开展多元化的立德树人活动,通过活动使学生道德水平显著提升。

(三)创新主题班会,上好情感育人的"情感发展体验课"

班主任教师在课前做好充分的准备工作,首先,明确目标、选定主题、进行结构化过程设计,预设班级存在的所要解决的问题;其次,班主任要收集与主题相关的视频、材料、故事,同时要求让学生收集;再次,班主任让学生准备正面、反面案例表演,收集班级生活中的不文明言行和故事;最后,班主任在课后要收集学生展示过的各种资料。通过创新主题班会,师生情感得到升华,认识得到提升,反思更加深刻,心理更加健康,品质更加优秀,不仅使综合素质得到提升,同时相关知识能力也得到发展。这体现了情感性和发展性,立德树人走进学生的心灵。

二、以"PGG"学本模式为指南,实现课堂改革内涵化、规范化、制度化

课堂改革是提高教育质量的关键,是改变教师行为的行动指南。2019年7月开始,麒麟高中加大课堂改革力度,在中国教育科学研究院韩立福教授亲自指导下,根据《学本课堂原理》,结合学校教育教学实际,建构了麒麟高中"启潜·导学·团队"(PGG)学本课堂学习模式。模式框架见下图:

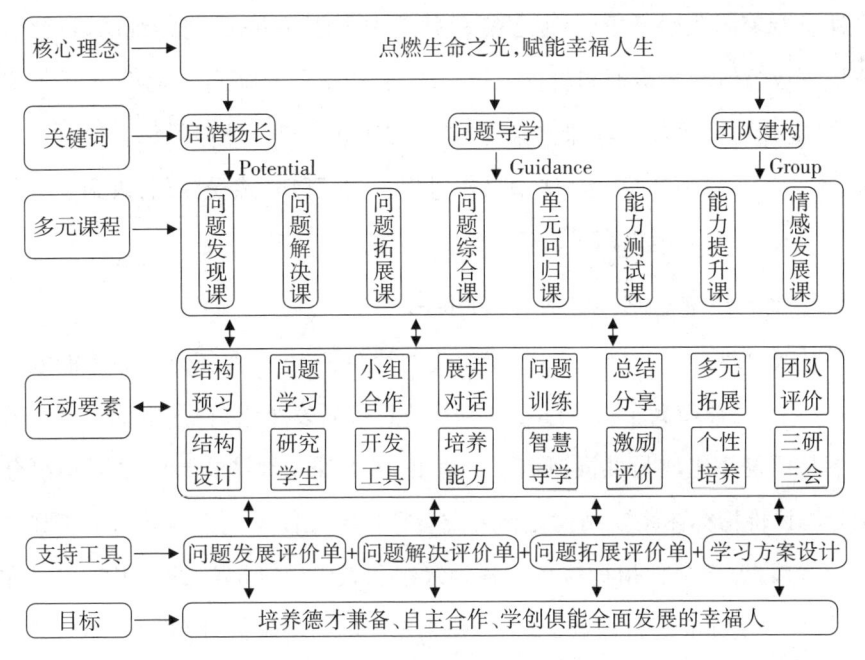

图1 麒麟高中"启潜·导学·团队"(PGG)学本课堂学习模式框架

麒麟高中的"启潜·导学·团队"(PGG)学本课堂学习模式采用先学后导、问题解决、师生共同以问题学习为主线,围绕问题开展自主合作探究学习,单位时间内解决问题,实现学习目标的课堂活动,学习者之间通过合作探究、展讲对话、思维训练来构建知识、丰富情感、培养能力。"PGG"学本课堂是灵动的,让学生生命舒展、绽放,做自信豪迈的中国少年,培养德才兼备、自主合作、学创俱能全面发展的幸福人。

(一)专家高端引领,提供妙招和实招

麒麟高中聘请中国教育科学研究院韩立福教授为课堂教学改革首席指导专家,系统讲解学本课堂原理、方法、策略和操作技术,给麒麟高中送来十分珍贵的成功经验和创建策略,给我们一线教师提供了创建学本课堂的"妙招"和"实招"。在大师的指导下,我们缩短了探究的进程,节省了时间,提高了效益,使麒麟高中的"PGG"学本课堂注入了内涵,提升了品质。

(二)创新培训方法,对话体验增效益

实现课堂教学改革,最主要是转变教师的教学观念和教学行为,麒麟高中在

学本课堂专家团队引领下,大胆创新教师培训方法和方式,将传统的讲授式、说教式培训改为体验式培训和教育工作坊培训,让学科教师当"学生",学本专家和校长当"老师",按照每一种课型流程、导学方法逐一进行体验学习。通过体验式培训,广大学科教师亲身参与课型操作过程,体会真切,感受深刻,收到了十分理想的培训效果,大大地提高了培训效率。

(三)全面建章立制,规范行为标准化

课堂教学改革是一个系统化、持续化的社会工程,需要持续开展才能取得理想成效。于是,麒麟高中成立学本课堂评价标准研发小组,在学本课堂专家团队指导下与研发小组成员共同研制了《"PGG"学本课堂评课指标体系》《小组合作团队学习评价指标体系》《结构化预习质量评价指标体系》《学本课堂走班观课评价指标体系》等十余种指标体系。各年级组和教学管理部门成立相应的评价制度,严格按这些标准进行评价,使学本课堂操作进一步规范、科学和有效。

三、以"核心素养"为目标,实现学习能力培养的素质化、个性化、多元化

如何培育学生的核心素养,是每一所学校都十分关注的难点问题。麒麟高中在深化课堂革命,创建学本课堂的过程中,系统而具体地培养学生的新学习能力,具体是指结构化预习能力、自主独立学习能力、小组讨论学习能力、展示对话学习能力、问题生成学习能力、工具训练学习能力、高级思维学习能力、多元归纳学习能力、回归评价学习能力和团队评价学习能力(韩立福教授提出)。

(一)面向全体,培养能力,实现了减负提质

麒麟高中组织学科教师开展新学习能力"三级"培训活动,学校层面组织一级培训,对学科中心主任和备课组长组织培训;二级培训是备课组长对本组学科教师进行系统的操作培训;三级培训是学科教师对任教班级学生进行全员培训。让学生人人过关,做到会结构化预习、会自主学习、会小组讨论、会展示对话、会问题训练、会生成问题、会回归评价、会多元建构、会团队评价。由于学生掌握了新的学习方法,培养了学习能力,因此各阶段的学习效率明显提升了,学习负担也就减轻了。同学们深切地感受到新学习能力就是终身学习能力。

(二)渗透学科,能力整合,培育了核心素养

各年级备课组结合学科特点,以组为单位组织系统化学习,结合本学科如何指导学生学会十大学习方法,如何培养十大学习能力,开展专题研讨会。组织本备课组成员开展建构式培训、体验式培训,做到人人过关。将新十大新学习能力培养与核心素养的三大方面、六大要素、十八个基本点进行有机结合,通过课前的结构化预习能力来培养学生的核心素养;通过课中的自主独立学习能力、小组讨论学习能力、展示对话学习能力、工具训练学习能力、高级思维学习能力来培养课中的学生核心素养;通过课后的回归评价学习能力、团队评价学习能力来培养课后的学生核心素养。结合学科内容特点,将新学习能力整合使用到每一学科学习中,有效地培育了学生的核心素养。

(三)能力评选,激励机制,促进了能力发展

为了全面提升学生新学习能力和学习质量,麒麟高中组织系统检查和评比新学习能力培训效果,制定了学科教师指导标准和学生合格标准,对表现突出的学生给予表彰和激励。对于学生而言,针对每一项学习能力都设置了个体卓越奖、优秀奖;对小组团队而言,设置了团队卓越奖、优秀奖。通过定期和不定期的表彰和激励,极大地调动了广大学生的积极性和主动性,大面积提升了学生的新学习能力。从而全面促进了学生学习能力的提升和素质发展。

四、以"三研两会"为载体,实现促进教师发展的专业化、常态化、学术化

随着学本课堂推进的不断深入,麒麟高中开始探索如何建立与之相适应的学本导研体系,在中国教育科学研究院韩立福教授的学本专家团队的指导下,构建了"三研两会"学本导研体系,为高质量实施"PGG"学本课堂建好"加油站"。"三研两会"即学本教研的简称,指以学习者学习为重心的教学研究活动,具体包括新校本教研、组本教研、团本教研、学科团队会议和行政团队会议等五个活动。"三研两会"发挥"加油站"的功能和作用,激发了师生学习、工作积极性、主动性和能动性,激活了师生生命活力,让师生全身心投入高质量的学本课堂创建活动中。

（一）顶层设计，做好规划，制订计划

学校层面组织全体教师系统学习"学本导研"理论与方法，全面提升认识，掌握操作技术。将"三研两会"学本导研活动具体分配给学科中心、年级组、备课组和各位班主任，在学校层面做好实施方案和规划，具体规划到日期、地点和主持人。由于做到了系统性的规划和设计，明确了目标和任务，因此为提升"三研两会"质量提供了保障。

（二）全校统筹，年级负责，科学实施

为了保障活动效果，学校层面创新管理机制，实行年级负责，在制度和政策上保障时间和经费。每项活动都要落实责任人，规范使用相关表格，建立健全活动档案。教研室、学科中心每月组织两次学校层面的新校本导研活动，每个备课组每周召开一次组本导研活动，每个班的班主任组织全班任课教师每两周召开一次团本导研活动，每位班主任每周召开一次行政团队会，每位任课教师每周召开一次学科团队会。尤其是各备课组通过组本导研活动，有效地提升了教师的学科素养和研究能力。

（三）定期评价，检查督导，激励表彰

为了提升"三研两会"活动质量，麒麟高中组织专业人员精心设计和研发了《新校本教研活动评价标准体系》《组本教研活动评价标准体系》《团本教研活动评价标准体系》《行政团会评价标准体系》和《学科团会评价标准体系》。学校层面组织相关人员开展定期或不定期检查活动，建立健全表彰激励机制，对活动效果好的集体和个体给予激励表彰。从而激发了广大教师参与"三研两会"活动的热情和主观能动性，同时，规范了活动行为，使麒麟高中新型教研活动走向了规范化、制度化、常态化。

五、以"学科文件夹"建设为过程，探究综合素质评价的科学性、有效性、发展性

为了深入探究综合素质评价的科学性、有效性和发展性，麒麟高中以"学科文件夹"建设为突破口，开始研究如何开展学生综合素质评价，尤其是在"学业水平"评价方面取得了突破性进展方面。我们认为实施学科学习文件夹管理对学

生学业水平管理进行量化评价和质性评价,是一种形成性和总结性相结合的过程性评价。这不仅提高了学生的自主学习管理能力、评价能力,还提高了学生的系统化、结构化的综合思维能力。

(一)全员培训,分级落实,科学管理

为了确保"学科文件夹"管理的科学性,我们对各年级的学科教师和班主任进行系统培训,然后班主任和学科教师对学生进行全员培训,具体指导学生、小组如何科学使用和管理。在分级培训基础上,我们又采取学科承包和小组承包制度。小组承包是指由小组内学科长负责、小组长检查,要求每位学生自行、自觉管理。由学生将自己学习过程中发生的对自己有积极影响的事件或工具,进行条理性整理后,有选择性地装入学科学习文件夹。包括学生的课前预习笔记、学习反思日记、学习总结、教师评语、学习计划、各种学习工具单、阶段性学习评价结果等。每当学完一个主题内容时,就请各位学生及时把所用的学习工具单和相关材料放在"学科学习文件夹"中。全班的学习长和学术助理要在每单元结束时检查一遍,确保学习材料的完整性,以便在单元复习时发挥应有的作用。

(二)注重细节,重视效果,学校装订

为了提高学科文件夹管理的有效性,在组织学生科学管理的基础上,组织对问题工具单上没有完成的内容进行"补白"和完善;然后,在"补白"基础上要通过多元评价,检查"三率",即完成率、正确率和会题率。为使学生养成良好的自主管理好习惯,学校设计了体现富有学校文化特色的彩色封面,到学期末时学校要统一组织各个班的学生来装订"学科学习文件夹",以便学生携带和管理时更加方便,也便于学生终身保存。其目的是体现"学习过程与方法"的课程目标,同时让学生学会尊重自己的智力劳动,在评价过程中体验成功的快乐。

(三)制定标准,等级评价,展示成果

麒麟高中建立了"学科学习文件夹"的多元评价机制,制定了"学科文件夹"评价标准。首先,在每学期末的规定时间点上根据评价标准落实评价任务,实施自我、同伴、学科长、学术助理、学习长和教师评价等多元评价,评选出"学科文件夹"等级。然后,学校组织各个年级举行"学科文件夹"的展示活动,给学生搭建展示平台,让学生分小组展示自己的学习成果和经历,让学生在展示过程中获得成功体验。通过展示和评价,广大学生充分认识到"学科文件夹"管理的现实意义和长远意义。对学生发展而言,有效地提升了学生自我管理能力、自我评价能力和综合素质评价能力。实践证明,实施"学科文件夹"管理,对学生学会自主管理,养成自我管理、自我评价的好习惯有积极意义,对今后实施学生综合素质评价有一定的价值。

麒麟高中通过近三年的改革创新,在高中教育改革与发展中取得了显著成绩。但是,与"办好人民满意的教育"还有一定的距离。面向未来,麒麟高中要进一步深化素质教育,推进课程改革,培养新时代所需的新型人才。麒麟高中将大胆创新,积极探索,不断总结经验,为推动我国基础教育改革与发展做出积极的贡献。

曲靖市麒麟高级中学书记、校长
陈君

目录
CONTENTS

谈学本课堂对教师专业发展的意义…01

学本课堂视野下教师职业和角色的新定位…03

学本课堂语文课上自主、合作、探究的教学感悟…07

浅谈学本课堂对教师专业发展的意义…11

学本课堂背景下的文言文教学…14

走出自己的"一亩三分地"…18

转变,从细节做起…20

愿逐明月,趋光而行…23

让学生成为课堂的主人…26

让每一朵花儿绽放,让每一棵小苗茁壮成长…29

亲近文本,深度学习,让学生"动"起来…32

深度走进学本课堂 助力教师专业发展…37

学本课堂:为有源头活水来…40

学习韩立福"问题导学、学本课堂"感悟…42

学本课堂教学模式下数学教师的专业发展…47

学本课堂再认知…50

通过工具单,开发科学化备课…54

新课标指导下的学本课堂…58

学本课堂之我见…62

谈实施学本课堂对教师专业发展的意义…66

实施学本课堂 促进学校发展…73

学本课堂教学的反思…75

把课堂还给学生…78

助力青春梦想 铸就麒高辉煌…81

体会学本课堂的实践意义…83

学本课堂之小组合作英语学习探究…85

高中英语阅读课结构化预习行动研究初探…89

浅谈实施学本课堂对教师专业化发展的意义…93

学本课堂之好老师…96

高中英语学本课堂初探与反思…99

学本课堂实施的成效与困惑…103

谈实施学本课堂对教师专业发展的意义…105

学本课堂心之我见…110

学本课堂,引领教师专业成长…112

开展学本课堂之微心得…115

"学本课堂"亲体验…119

学本课堂的实施与教师角色的转变…122

构建学本模式,打造灵动课堂…125

浅谈实施学本课堂对教师专业发展的意义…129

学习韩立福学本课堂得与失…133

浅谈学本课堂与物理学科素养…137

学本课堂的感想…140

浅谈学本课堂之"小组合作、团队学习"…142

学本课堂帮助我转变与成长…144

我对学本课堂的理解…147

学本课堂之我见…158

学本课堂改革下教师专业化发展的几点思考…162

实施"PGG"学本课堂之感悟…165

教学相长,各就其位,效果显现…168

学本课堂 助我成长…172

学本课堂优势及实施之个人建议…175

师生动起来 课堂更精彩…180

韩立福"问题导学、学本课堂"体会…182

学本助力师生共同成长…188

建立完善小组评价的制度机制 真正实现学本课堂理念…192

从教本向学本转化…195

学本课堂下小组团队合作学习能力的培养…198

基于"学本课堂"下历史有效课堂教学反思…203

地理课堂小组合作学习能力培养…206

学本课堂模式下如何培养学生高考地理答题能力…210

学本课堂引领师生共成长…214

谈实施学本课堂对教师专业发展的意义…217

浅谈实施"学本课堂"对我成长的意义…219

谈学本课堂对教师专业发展的意义

2018级语文备课组　李莹

为适应新课程改革趋势,2019年7月,我校启动了"学本课堂"教学改革。两年以来,学校的教学改革初见成效,教育教学面貌都发生了极大的变化。在学本课堂教学模式下,我校已走出两届毕业生,可以说,每一位同学都是学本课堂的最大受益者。而实际上,除了学生,我们每一位教师又何尝不是受益者?

以下,我将从四个方面谈一下学本课堂对教师专业发展的意义。

一、教学理念的变化

伟大的教育家苏霍姆林斯基说:"提高教育技巧,这首先是要自己进修,付出个人的努力,来提高劳动的素养,首先是提高思想的素养。没有个人的思考,没有对自己的劳动寻根追底的研究精神,那么任何提高教法的工作都是不可思议的。"作为教师,我们都明白其中的深刻道理。但实际上,现在的教学更多是老师教、学生学,老师讲、学生听。所以只有教师是主动讲授者,学生只是被动接受者。这样的学习效率肯定是要大打折扣的,学生没有真正形成自己的学习思维,对知识的掌握就只会停留在表面。

学本课堂给我们从根本上带来了教学理念上的转变,让教师意识到,只有将教师的"教",变为学生的"学",才能真正实现对学生的培养,才能实现"育人"的初心。

二、课堂模式的革新

法国有句谚语说:"聪明人与朋友同行,步调总是齐一的。"学本课堂改变了学生过去"单打独斗"学习的局面,几个学生组成一个小组,在组内形成合作学习。而要想实现合作学习,又需要每一位同学积极主动地独立思考,才能在小组讨论中各抒己见,形成思维碰撞。可以说,小组合作学习的课堂模式,才是真正能激发学生主动学习的课堂模式,也是最能全方位培养学生能力的课堂模式。

三、每个孩子都是课堂的主人

苏霍姆林斯基说:"每个人都是一个完整的世界,一个思想、感情和感受的世界。个人怎样影响集体,集体又怎样影响个人,对此我们是无权视而不见的。"在学本课堂的小组合作学习中,每一个孩子都是课堂的主人,都可以极大地发挥自己的潜力,参与学习中来。有的擅长组织讨论,有的擅长演讲,有的擅长书写表达,有的擅长计算,有的擅长归纳整合……当学生真正成为课堂的主人,孩子的学习能力早就已经超越了我们的认知,他们才能释放出无限的可能。

四、与孩子一起成长

苏霍姆林斯基说:"使师生发生精神联系的几十条、几百条通道,就是通向人的内心世界的小径,它们是师生之间产生友谊和同志感的最重要的条件。我们要使师生保持精神上的共同点,只有在这种情况下,他们才不会意识到教师是领导人和指挥员。"学本课堂是以学习者学习为主的课堂,是师生共同学习、共同成长的课堂。在学生自主学习、小组合作的前提下,课堂上会生成无数种可能,学生也会发现无数种无法预设的问题。所以,学本课堂要求教师具有更高的课堂应变能力和足够用来帮助学生解决问题的知识储备。教师只有不断加强自身素养,才能真正做好学生的领路人和导学教师。有人说:"聪明与年龄一起成长。与每一位学生一起成长,是学本教师必备的素养。"

在新课程改革趋势下,学本课堂才是最能培养学生和教师综合能力的最好抓手。不断学习,不断揣摩,不断实践,让学本课堂继续开出美丽的花!

学本课堂视野下教师职业和角色的新定位
——浅谈实施学本课堂对教师专业发展的意义

2018级语文备课组　尹洪华

一、传统教师角色与职能分析

传统课堂是以教师讲授知识为中心，向年轻一代传递知识和文化，也称知识传递型课堂。这种知识传递型课堂教学，强调教师单向"灌输"，将人类社会积累的知识和文化经过教师的"言传身教"传递给学生，学生被动地接受知识。久而久之，教师成为知识权威传递的代言人，成为权威的象征，成为课堂教学的真正主人和"中心"。从而，逐渐形成了相对稳定的教师传统角色，即以传授课本知识为中心的"合理合法"人，学生的一切学习活动几乎都要听从教师的设计和安排。

在传统的角色和职能定位中都突出了教师的讲授功能和奉献精神，始终在教本视野下定位于"教书匠"，教师在角色上是教书者，核心职能是讲授知识。这种定位忽视了教师本身的学习、发展以及过程中的成功体验。教本课堂主要是以掌握知识的多少为主要目的，体现在教学上以死记硬背为主要的学习方法，强化起主导作用；导致"题海"战术和"填鸭式"教学方法，以成绩作为衡量学生的标准。这种教本课堂教学，使学生思维得不到训练发展，逐步忽视了学生的情感发展、智力开发、潜能挖掘，也逐渐淡化了创新意识，使学生逐步丧失了分析问题、解决问题的能力。同时，也忽视了教师专业成长。

二、学本教师新角色与职能

在学本课堂视野下,教师的教学角色与传统教学视野下的传统角色相比发生了重大变化,有较大的挑战性,职能也被赋予了新的含义,有了新的定位,教师充当一个"大同学"角色。

(一)艺术化的导学者

教师要做导学者,主要是指导学生学会学习、学会自主合作探究学习。教师要结合学生认知发展规律和身心发展规律,指导学生积极参与、乐于探究、勤于动手,培养学生搜集和处理信息的能力、获取新知识的能力、分析和解决问题的能力。要通过多种导学策略具体培养学生的十大学习能力:首先是培养学生课前的结构化预习能力,使学生人人学会高质量预习;其次是培养学生课中的自主独立学习能力、小组讨论学习能力、展示对话学习能力、问题生成学习能力、工具性训练学习能力和高级思维训练学习等;再次是培养学生课后的多元拓展学习能力、回归评价学习能力和团队评价学习能力等。

(二)研究型的设计者

在学本课堂视野下的教师应发挥主人翁的作用,积极参与学本课堂的管理和设计,为组织和管理献计献策,充分体现教师的参与者、决策者和管理者的角色。例如在设计学习方案时,教师要认真研究课程内容,理解作者和编辑的意图,结合课程标准,深刻分析课程内容,确定教学三维目标,明确课型和流程后,选择适宜性强、有效的学习方法。同时要全面分析学生的差异和需求以及学生的学习特点。所以,在这个过程中教师就是一个专业研究者和设计者。在上课过程中,教师不仅是组织者,也是观察者,在观察过程中要分析和研究自己的学习设计、导学行为是否有效,学生的学习情况是否真实,是否有效,不同课型如何设计,才能更加有效。课后,教师要学会系统反思,反思课堂学习设计,反思学习过程,反思课堂学习效益,反思学生学习表现与质量。

(三)智慧型的"点燃者"

教师要做智慧型的引导者,变传统的"管理者"为引导者,教师要放下架子,蹲下身子,带领学生走进知识,引导学生迸发智慧火花,闪出创新,闪出个性。学本课堂不再是教师的"一言堂",教师要退出课堂"中央",与学生平等友好地交往和对话。学习活动不再是学生被动地"听""记"的过程,而是让学生自主探究、合作探究、展示对话来解决问题的合作学习的过程。教师从知识的权威到平等参与学生的学习,成为学生学习活动中的专业"对话者"。在整个学习过程中,教师要以"大同学"的身份参与学生的自主合作探究学习过程。当学生学习兴趣降低时,教师要用自己的智慧来点燃;当学生不愿意学习时,教师要用自己的智慧来激发;当学生学习遇到困难时,教师要用自己的智慧来帮助解决。

(四)科学化的激励者

学本课堂强调教师要做科学化、艺术化的激励者和促进者,要做促进学生发展的评价者,在学本课堂"师生和评"的理念下,教师必须要树立以评价促进师生发展的多元评价观。在学习生活评价中,要运用以诊断性和激励性为主的质性评价方法,谨慎使用定量性、甄别性和终结性评价方法。应针对不同学生的特点,根据学生的不同需要,采用切合实际的有效评价方法,通过科学评价来促进学生的全面发展。教师要做鼓舞者,让学生在自主观察、实验或讨论时去积极地看、积极地听,设身处地感受学生的所作所为、所思所想,随时掌握课堂中的各种情况并采用各种适当的方式,给学生以心理上的安全感和精神上的鼓舞,使学生的思维更加活跃,探索热情更加高涨。

(五)专业化的"搭梯者"

从教学的操作层面上看,教师由过去的粗放式教学转变为精细化教学;由过去的经验式教学转变为科学化教学。如在备课方面,教师不仅备课程,还要备学生,不仅备情境,还要备设计,更要备自己。在学本课堂视野下,备课程主要是按单元备课或主题备课,提倡备课生活化理念,要求教师在工作生活中长期积累课程资源,对所承担的教学任务要长期备课。概括起来称为"一夹一案三单","一夹"是指一个主题或单元内容创建一个备课文件夹;"一案"是指一个主题或单元内容设计一个完整教案;"三单"是指教师围绕一个主题或单元内容研发"问题导读评价单""问题解决评价单"和"问题拓展评价单",另外还配有两个小工具单,如"问题生成评价单"和"问题训练评价单"。

问题工具单的开发和设计,就是为学生学习搭建能够顺利通过的"梯子"。所以说,教师要做一个专业化的"搭梯者"。这个学本备课过程是一个发现问题、生成问题、解决问题、拓展问题的过程,也是教师自主学习,提升素质,促进专业发展的体验过程。

学本课堂语文课上自主、合作、探究的教学感悟

2018级语文备课组　何咏梅

《礼记·大学》言:"苟日新,日日新,又日新。"的确,在快速发展的当今时代,教育理念和教学方法也应该顺应时代特点和发展要求适时而变,时常更新,不断创新。

为积极探索、推进课堂教学改革,我校积极探索、实行了学本课堂教学模式。

"是故弟子不必不如师,师不必贤于弟子。"我在学本课堂中深切感受到了古贤韩愈谈论的这种教学相长的师生关系。

经过一个阶段的自主、合作、探究的教学方法,我发现师生间的教与学在很大程度上得到了提升,教师教得轻松,学生学得快乐。

一、自主是独立学习,教师是学习过程的设计者

自主学习,是指学生有明显的学习目标,对学习内容和学习过程具有自觉意识和反应的学习方式。它是相对于被动学习、机械学习而言的。

对于一个专题中心,教师只需要当好"学什么""怎么学""学多久"的总设计师就行,把剩下的时空完全交给学生去自由驰骋。

语文教学应激发学生学习的浓厚兴趣,注意培养学生的自主意识和习惯,为学生创造良好的自主学习情境,尊重学生的个体差异,鼓励学生选择适合自己的学习方式。这都说明了教师要以学生为主体,使学生成为学习的主人。所以,语文课上教师的讲,主要是在学习方法上引导、点拨,让学生在结构化预习中独立

地学习,在情感的体验中去尝试学习,在感悟语言的基础上,学会积累和运用,不断提高自身的学习方法。

教师给学生留有足够自主学习、思考的空间,少点灌输,少点牵制,多点方法引导,多点自由创造空间,多点情感关注,就有意想不到的大大潜能会被激发出来。

二、合作是讨论学习,教师是讨论的参与者、指导者

合作学习,是指学生在学习的集体中,为了完成共同的任务,有明显的责任分工的互助性学习。进行合作讨论,教师要从实际出发,不能只讲形式。有时一个不能解决的问题,大家分工合作很有必要,而对很简单的问题,也来个讨论,就大可不必。讨论要高效整合,讨论要有所针对。

学习的过程应是唤醒学生主体意识的过程,使学生真正成为读书的主人。制定学习目标、确定重点、难点、选择方法、评价效果,都应在尊重学生的前提下,师生共同商榷,合作学习就能达到预期效果。

而小组讨论、合作探究学习的关键是学科长要起组织带头作用,明确组员任务分工,团结协作,共同以解决问题、找到小组学习的归属感和荣誉感为目标。所以,教师应时常培养好学科长,让他们发挥关键性带头作用。

在讨论过程中,教师应及时巡查,适时倾听、参与其中,及时点拨、建议、互动,师生共同形成教育合力。

对于重点性难题,我们开展专论,组员与组员之间、小组与小组之间、学生与教师之间不断地进行思维碰撞,开展知识探究的头脑风暴,达到互补与共同启发的效果,集众人之力快速解决难题,避免了个人冥思苦想、花费太多时间还一无所获的深深无力感、挫败感。

教师又是全班特别性难题的终结者。在一番讨论后,依然疑难点颇多无从解决的,教师应适时介入,直接终结这个问题,尽可直接高效讲授,不必迂回启发、诱思引导。

三、探究是创新性学习,教师是知识学习的建构者

探究学习,是指学生独立地发现问题、获得自主发展的学习方式。要让学生自己发现问题,探究解决问题的方法,通过各种学习途径获得知识和能力、情感

态度和价值观。在这个过程中,探究精神和创新能力的发展尤为重要。

教师要建构起自身丰富的专业知识体系。从熟读研究透彻课本教材知识点、练习题到研究吃透高中三年的多本语文教材之间的知识衔接、重难点梯度再到掌握课程标准的高考考点与题型考法,这些都需要我们教师去多花功夫,下大气力,一一钻研。

教师只有拥有完整的、丰富的专业知识体系,才能对学生的学习进行精准、科学的设计,才能对学生学习过程中可能会遇到的多种问题进行预设,才能在学生真实学习情境中遇到的疑难困惑给予点拨和有效指导。唯有如此,学生才能顺畅地建构起他自己的学习知识体系和系统解决问题的方法经验。

四、几个具体小措施

(一)指导学法,为学生自主、合作、探究学习提供帮助。

我们应帮助学生制定适当的学习目标,寻找达到目标的最佳途径。指导学生形成良好的学习习惯,如在阅读过程中掌握"查、画、写、记、练、思"的阅读方法,在审题中学会使用划线学习法,对题干进行针对性圈画等,为学生自主、合作、探究学习提供实实在在的帮助。

(二)创设氛围,使学生自主、合作、探究学习有保障。

在课堂教学活动中学生是一个个有丰富精神生活、蕴含着生命潜能的人,因此,我们要根据学生身心发展和语文学习的特点,关注学生的个体差异和不同的学习需求,尊重学生的好奇心、求知欲,尊重学生在学习过程中的独特体验,充分激发学生的主动意识和进取精神。

教师尽可能把自己与学生的距离拉近,使学生感到亲切、可信任;尽可能把教材以及教材所表达的思想感情与学生的距离拉近,使学生产生共鸣,用自己的方式触摸教材,理解教材,只有这样,才能在脑海中留下深刻印象,才能融会贯通,学以致用。

总之,我们要创设丰富多彩的教学环境,建立宽松的教学平台。在这个平台上,教师只是学生学习的设计者、服务者,善用激励法使学生有兴趣并愿意投入学习,这样,学生的自主、合作、探究学习才能落到实处,教与学才能共同进步;教师只是教学的参与者,与学生进行平等对话、交流、讨论,与学生一起分享感情和想法。

从实施学本课堂以来,我深感教师专业成长的重要性。它就像一根挥动着的长鞭,促使我们要不断地学习,快速地成长。我们的教与学都发生了极大变化,师生的激情与潜能得到了极大的释放。

当然,学本课堂是一个极为系统又灵活的课堂教学模式,身处其中,一切都只刚接触到一些皮毛。在未来,我们还有很长的路要在实践中摸索。"路漫漫其修远兮,吾将上下而求索。"课堂教学改革之路任重道远,我们每一次的改革创新与尝试都是为培养时代需要的全面发展的人而蓄力。

浅谈学本课堂对教师专业发展的意义

2018级语文备课组　戴敏

2019年7月我校实施学本课堂,在课堂教学中以学习者作为学习的主体,高度关注学生的学习状态,重在培养学生的学习品质,着力指导学生的自主学习,并以此为根本展开教学活动。学本课堂是以"先学后导—问题评价"的教学模式,以任务驱动为问题解决途径的有效教学模式。在教师指导下,学生和教师以发现问题为主线,进行评价性的自主合作学习,对生成问题进行互导性的合作探究学习。学习至今已有近两年的时间,今年我作为高三教师,现结合高三学本课堂的实施情况汇报如下:

一、学生得以崭露头角

学本课堂就是让学生成为课堂真正的主人,实施学本课堂后,高三学生不再是坐在讲台下,抬着脑袋听老师一遍又一遍讲解着专题中的枯燥知识。在首轮复习中,教师带领学生回顾课本中的重要知识点后,在学术助理的组织下,学生讨论并展讲,同学补充知识点,并利用课后习题巩固知识,联系相关高考考点。每堂课,学生走神的少了,瞌睡的少了,大家都积极参与讨论复习。在传统的教本课堂中,高考复习以教师的带领复习为主,教师安排好复习内容,学生只用带着耳朵听就可以。学本课堂在调动学生积极性的同时,激发了学生各种感官参与学习中。在教师的指导下,学生学会自主合作探究学习,单位时间内提高学习效率，全面实现了每节课的课程目标，也有效促进了学生的全面发展和教师专业成长。

二、教师主体角色的隐退

在传统的教学模式中，教师在课堂教学中是相对主动的，而学生学习是比较被动消极的。在学本课堂中，教师已经由"主体"隐退为"辅助"，真正成为答疑解惑的主体，而不是讲授的主体。教师的隐退不等于可有可无，教师是学生课堂的有机组成部分，在课前需要倾注教师更多的备课精力，准备好课堂上学生随时可能提出的各种问题，是名副其实的引领者。而课堂是全体学生展现自我才华的舞台，学生在课堂上可以大胆说话，充分表达自己的观点态度，自己施展的空间更大了。教师在课下需要充分挖掘课本内容，在课堂上让学生主动参与、乐于参与，使人人都能在课堂上展露风采，让每个学生发挥潜能，这样就能有效解决学生课堂参与性不高的问题，让学生轻松愉快地参与学习中，成为学习的主人。如在教本课堂的高三复习中，学生以听—练这样的循环模式，在教师的带领下按部就班地复习相关知识，内容枯燥，模式单一，学生学习容易引起厌倦的心理。在学本课堂上，教师给学生创设学习机会，让大家主动复习课本，串联知识点，这就要求教师给学生营造一个轻松、和谐、民主的学习氛围，只有这样，学生才敢讲敢说。教师虽然在课堂上隐退了，只有教师的隐退，才有更大的舞台和空间留给学生，学生才能学语文理解语文，成为语文学习的"行家里手"。

三、教师教学方法由单一变得多样

在学本课堂上，教师可以根据教学实际大胆创新，积极实践，形成符合自己教学风格的基本步骤，做到天天有新的创意，课课有新的模式。学本课堂要求教师备课生活化、知识问题化、问题能力化、训练课堂化和过程体验化。这样就使课堂学习模式不再单一枯燥，变得多样生动。并且课型也是多样的，有问题发现课、问题生成课、问题解决课、综合解决课。而高三是按照首轮复习、一轮复习进行复习。首轮复习和一轮复习，我们都有相应的工具单，教师在复习中就能及时检测课堂复习效果。

四、强化学生的质疑

传统课堂由教师发问,学生答疑这样的模式进行,只有部分学生能自己质疑,这无疑扼杀了学生的动脑思考能力,学习效率也是大大降低。学本课堂上学生是以小组为单位生成问题,学生合作交流中有生生思维的交流,通过对话、展示、辅导、评价等方式来解决问题。合作交流让学生的交流有组织,有秩序,小组成员之间还可以大胆说出自己的想法和质疑,生生之间可以交流探讨,把简单问题组内解决,这样就很大地提高了学习的积极性和主动性,甚至听课效率。在"问题解决"环节,教师可以针对问题生成课发现的新问题进行深度学习、训练和评价,使文本课堂的深层问题得到有效解决。

总之,学本课堂还有太多精华值得我们教师不断学习,在今后的教学中将其运用在自己的实践中,提高自我的教学能力,打造一个真正属于学生的课堂。

学本课堂背景下的文言文教学

2019级语文备课组　冯志艳

在高中语文教学中,文言文既是重点也是难点。如何进行有效的文言文教学,一直是我们高中语文教师面对的一大难题。

2019年7月,我校开始进行课堂教学改革,实行韩立福教授倡导的"学本课堂"教学模式。所谓"学本课堂",就是以学习者学习为本的课堂学习活动,其中学习者包括学生、教师及参与者,不是以学生为本的生本课堂。当时我们的教学进度刚好完成到人教版高中《语文》(必修1)第一单元的"现代诗歌",准备进入第二单元"中国古代叙事散文"的学习。因此,我也带着满心的好奇与期待走进"学本课堂",走进"学本课堂"背景下的文言文教学。如今,我校实施学本课堂教学已近两年时间,我将结合自己的教学实践来谈谈学本课堂背景下的文言文教学。

一、学生通过"结构化预习"熟读课文,掌握基本的文言知识和文言现象,自主完成对文言文"言"这一部分知识点的学习和掌握

"结构化预习"能力是韩立福教授提出的"新十大学习能力"中的第一个能力。它是指按一定的知识结构、逻辑结构、目标结构、能力结构、问题结构进行前置性自主学习的一种综合能力。其核心意义在于:学会结构化阅读文本,掌握一种终身学习方法,具备终身学习能力。

"结构化预习"主要由"读"—"导"—"评"三步流程组成。"读"是指要求学生结合阅读六字诀"查、画、写、记、练、思",用三色笔对课文进行勾画和批注;"导"是指学生在阅读中完成《问题导读—评价单》;"评"是指在小组内实施"五级评价",即"自我评价""同伴评价""学科长评价""小组长评价"和"学术助理评价"。

在"结构化预习""读"的环节中,学生还可以结合"学本课堂—文言文阅读七问原理法"对课文中的知识点进行梳理。"文言七问原理法"包括对课文的题目、作者及相关文化常识、通假字、古今异义、词类活用、重点实词和虚词、文言句式等的发问,学生通过"QA学习法"对这些问题一一进行解答。

以《烛之武退秦师》为例,同学们通过结构化预习,可以完成对文言文"言"这一部分的知识点的掌握。(1)题目《烛之武退秦师》中的"退",是动词的使动用法,"使……退";"师"即"军队"。(2)了解和掌握《左传》相关文化常识。(3)掌握文中"供""说""知"和"已"等通假字。(4)掌握文中"东道主""行李""夫人"等古今异义的词。(5)掌握文中"军""鄙""远""封""盟"等词类活用。(6)掌握文中"封""若""说""辞""鄙""微""以"等重点实词、虚词的含义。(7)掌握文中的判断句"是寡人之过也";倒装句"以其无礼于晋""夫晋,何厌之有?"等文言句式。对于文言文"言"这一部分中的学习难点和文言文"文"这一部分,可以由学生"生成问题"放到课堂上进行合作学习,讨论解决。

二、以问题学习工具单为抓手,完成学本课堂教学的前置性学习,进一步提升课堂效率

"学本课堂"要求教师具备"问题学习工具单开发"的能力,教师要能针对不同的课型开发出与之匹配的工具单。在我们全组语文教师的不断摸索与探讨中,我们结合学生学情、教学实际,确定我们语文课的基本课型为"问题综合解决评价课",因此共同设计开发出与之匹配的《问题综合解决评价单》。《问题综合解决评价单》基本由"预习评价""问题解决"和"拓展训练"三个部分组成。

(一)"预习评价"部分包含四个内容:

第一,作者及相关的文化常识以填空题的形式呈现,增加学生积累量。

第二,圈点批注文中重要字词。在结构化预习中,我们要求学生结合阅读六字诀"查、画、写、记、练、思",用三色笔对课文进行勾画和批注。但是因为部分学生基础较差,把握不了重点,往往课本被画得一塌糊涂,最后到"问题解决评价课"上,教师讲授重难点问题时,学生的课本已无下笔之处了。因此,在此环节中,我们把文中的重点实词、虚词列举出来,学生只需要对照工具单在课本上进行批注。

第三,结合句子解释文中重要实词(一词多义)的含义。

第四,选出文中的重要句子让学生进行翻译,同时用红笔标注句子中涉及的文言现象。

(二)"问题解决"部分是解决文章的重难点问题。

以《师说》为例,除解决学生结构化预习中生成的问题外,考虑到《师说》是议论文中的名篇,因此还设置了议论文文体知识的相关问题。

(三)"拓展训练"部分以做题为主,主要是对该篇文言文的学习效果进行检测、对学习方法进行巩固以及对学习能力进行提升。

以《师说》为例,工具单"拓展训练"部分除做一篇和韩愈相关的传记阅读外,还考虑到《师说》是高考必背篇目,因此本部分还加入了"情境式名句默写"的练习。通过这些练习,在提高学生文言阅读能力的同时进一步加大积累量,提升了学生的语文素养。

三、通过教材自主回归复习和单元回归复习,进一步夯实学生基础,提高学生文言文阅读的能力

作为一名教育工作者,我清楚地知道,"立德树人"是我们教育的最终目的。但是,应试背景下的高中教育,"高考"始终是我们不能绕开的一个重要问题。

高二下学期,我们开始进行学本课堂的首轮复习。鉴于学生的基础,我们的自主回归就是从必修1—5的17篇文言文开始的。结合自主回归评价课和单元回归评价课的课型,我们分别开发了《自主回归评价单》和《单元回归评价单》。

《自主回归评价单》针对单篇开发,工具单包含"知会清单"和"当堂检测"两个部分。以文言文《劝学》为例,"知会清单"是《劝学》中学生应知应会的知识,包括文化常识填空、解释重点字词的含义、翻译句子和理解性名句默写;这些内容,我们是要求学生在对教材进行自主回归复习后合书完成。对于难度大、学生完

成不了的内容,教师进行规范指导,学生用红笔纠错。"当堂检测"可以结合回归篇目设置一两篇小阅读,将本课涉及的重点字词、句式放到另一个情境中运用,引导学生在掌握本课知识的基础上学会知识的迁移。

按韩立福教授的说法,"单元回归复习"是由过去的线性复习走向回归复习;由过去的单一复习走向多元复习;由过去的统一复习走向个性拓展;由过去的结果评价走向过程评价。通俗地说,"单元回归复习"就是在每单元单篇自主回归复习结束后进行的整个单元的回归复习。以必修1第二单元为例,在完成《烛之武退秦师》《荆轲刺秦王》《鸿门宴》的教材自主回归复习后,再把这三篇合在一起进行"单元回归复习"。

这种复习方式最核心最重要的一个内容就是构建知识网络,利用思维导图对本单元所学的知识进行建构,从而对相关知识点有系统而全面的掌握。例如必修1第二单元,《烛之武退秦师》选自《左传》;《荆轲刺秦王》选自《战国策》;《鸿门宴》选自《史记》;学生通过对"文化常识"的知识建构,自然对编年体、国别体、纪传体等不同的史书体例有一定的了解与掌握;通过对文中重点实词的梳理,《烛之武退秦师》"微夫人之力不及此"中的"微"和《荆轲刺秦王》"微太子言"中的"微"字,因为重复出现,学生可以牢固掌握。其他如"东道主""行李""穷困""偏袒""山东""婚姻"等古今异义和判断句、省略句、被动句,倒装句几种常见的文言句式,学生都可以通过梳理和建构,对相关知识点有系统而全面的掌握。

《单元回归评价单》中的拓展训练直接对接高考真题,强化高考练习。在夯实学生文言基础的同时进行规范答题训练,进一步提高学生的文言文阅读水平和语文素养。

总之,任何事物都具有两面性,我校的课堂教学改革也不例外。我们需要做的是扬长避短,取其精华为我所用。学本课堂背景下的文言文教学,我们也是在摸索中前行,往后,还有更长的路要走。

走出自己的"一亩三分地"
——谈实施学本课堂对教师专业发展的意义

2019级语文备课组　桂丽芬

达尔文说过："能够生存下来的物种,并不是那些最强壮的,也不是那些最聪明的,而是那些对变化做出快速反应的。"时代在变,学生在变,教师队伍每年都在注入新鲜血液,教育改革的春风也一直在吹,课堂改革也一直在前进的路上,如果不走出自己固有的经验框架,把自己圈在"一亩三分地"里,那么也就无法适应时代的变化,自己的专业也得不到发展。

学校推行的课堂改革——学本课堂已经有两年,回首这两年,发现真是"不识庐山真面目,只缘身在此山中"。教师费尽心思地"讲",抵不过学生发自肺腑地"研",教师苦口婆心地"教",赶不上学生发自内心地"学"。学本课堂从根本上改变了教师"教"的思想和方法以及学生"学"的问题,走出了自己的"一亩三分地",促进了教师的专业发展。

教师专业知识得到提升。之前的备课都是根据自己的经验和一些参考书备一些自己认为重要的知识点,往往对教材没有自己深入的钻研。而学本课堂是把知识问题化,用问题带动学生的学习。"问渠那得清如许,为有源头活水来。"因此不能再走备课"老路"。工具单中除了要备教师预设的问题,还要备学生预设生成的问题。这样就需要对教材进行深入和全面的挖掘,以此来应对学生可能生成的问题。在课前的结构化备课中,避免了犯经验主义的错误,对教材的文本解读更加深入和全面，设计的问题也更加细化。比如：《廉颇蔺相如列传》中"不知将军宽之至此也！"中的"之"在此句中是主谓之间，取消句子的独立性，而以前没有特别关注，把它当作第一人称代词来讲，其实"之"字不指代第一人称。长久下来，在学本课堂的结构化备课中自己的专业知识也得到了不断的提升。

教师专业技能得到提升。在以前的课堂中，整节课都是有序地按照自己课前设计的教学思路和计划进行，规规矩矩地上完一节课。而学本课堂有具体的课型操作流程，在课堂中是放手给学生，让学生能自己发现问题，自己去交流、探讨、解决问题，教师只是补充、质疑，在这个过程中引导学生找到解决问题的策略。这样放手的课堂不仅不混乱，反而有助于学生主动学习，培养解决问题的能力。学本课堂中，教师驾驭课堂的能力以及引导能力得到大幅度的提升。

教师专业智慧得到提升。学本课堂中，教师的思维由过去的告知教学转变为指导教学，由过去的勤奋讲授转变为智慧指导。教师不再是课堂的主人，退隐到学生中间，搭建起课堂舞台，想方设法让学生学会学习。教师退到学生中间主要关注学生出现的问题，以及重点关注每个小组的学困生。每节课都要认真落实"五级评价"，学生自己对自己本节课的表现以及获得的知识进行评价，同学之间也及时地进行评价，而教师根据学生本节课的学习表现进行及时的评价和鼓励，以此激发学生学习的热情，让学生主动、积极去学，在学的过程中获得成就感和幸福感，为学生的可持续发展蓄积力量。

教师退到学生中间，在学生展讲环节记录下学生展讲得特别的观点，这些观点往往都是让人眼前一亮的，这些观点有利于教师更了解学生，为之后的备课奠定基础，逐渐调动学生学习的热情。

学本课堂已经到了提质增效阶段，教师更应该走出自己的"一亩三分地"，对课堂改革的变化做出快速反应，并认真落实每一个环节。

转变,从细节做起
——学本课堂心得体会

2019级语文备课组　宁双星

  学校自2019年推行学本课堂至今已有两年,我们已从全面推行学本课堂进入现在的提质增效阶段。回望过去的两年,我觉得自己无论是课前的准备,还是课上的引导参与,无论是对自我身份的定义,还是对学生的认知,都在不知不觉中,发生着转变。

  首先,是我自己思想上的转变。初识学本课堂,内心惶恐之余,多少是有些排斥的。对那些新名词、新身份的排斥,对教师从课堂的隐退的不安,对学生自主学习的不信任。到了具体操作的环节,我慢慢发现,那些陌生的名词具体操作起来,并不复杂;教师只是隐于课堂,并不是抽离课堂;学生的结构化预习、讨论、展讲也比预期的要好。所以我慢慢地接受并喜欢上了这种新型的课堂模式。作为一名学习者,我认为,我们首先就需要具备这种接受新事物的能力,然后去尝试改变,突破自己原有的认知。

  其次,是备课方式的改变。之前的备课,往往都是我们教师根据经验预设了一些自己认为是重点的问题。然而学本课堂提倡"用问题带动课堂",需要学生在预习过程中生成问题。所以我在备课的过程中,在预设问题的基础上,还会预设学生可能生成哪些问题,如何引导学生有效地解决这些问题。为了自己能从容应对学生生成的问题,往往需要查阅更多的资料,关注到之前没有重点关注的一些知识点。比如在《师说》当中有一句"其可怪也欤",在之前的备课过程中,我往往会跟学生强调"其"字,但是在学生生成问题中,有小组提出了"如何翻译'可'"这个问题,通过查阅资料才搞清楚"可"在这里是"值得"的意思。类似的问题就会倒逼教师在备课过程中做更充分的准备。

  再次,是对课本知识把握的改变。从学生的角度发现问题,我意识到自己之前的备课经常犯经验主义的错误,忽略了很多重要的知识点。学本课堂倡导立足课本发现问题,学生和教师对文本的解读都更细化,这与近几年高考的命题方向是高度一致的。

  2020年全国卷一,文言翻译部分有一句"盖亦鲜矣",当中的"鲜"和《陈情表》中的"终鲜兄弟"意义一致,"盖"字和《游褒禅山记》中"盖余所至,比好游者尚不能十一"的"盖"字用法一样。无独有偶,同年全国卷三中"疾笃"和《陈情表》中"而刘病日笃"的意义和用法完全一样。即使是悄然转型的2021年全国乙卷,文言翻译部分再次出现了《陈情表》中的重点实词"矜"字。学本课堂对课本进行了深层细化的挖掘,有些课内的实词,连教师看到都多少是有些蒙的,但是学本课堂汇聚了众多学生的智慧,从他们的视角发现问题,教师对课本的知识也有了更细化,更深入的把握。

  很重要的一点,是对学生认可的转变。之前,大家都抱怨我们学校的学生生源不好,课难上,有的时候,我也是这些抱怨者当中的一个。学校实施学本课堂以后,我彻底改变了这种偏见。这些孩子身上有超乎我们预期的能力,有很大的待挖掘的潜力。班上一个女生,谈起"魏晋风骨"时,一个个小故事信手拈来,对"竹林七贤"的逸闻趣事、作品特色了如指掌。还有一个不太爱说话的小女孩,在完成小组任务"给《边城》配插图"的时候,凭借自己的绘画基础和想象力画了一幅湘西小镇渡口图,让整个班的学生如临实地。我想,这可能也就是学本课堂的初衷吧,让学生在主动的参与过程中,主动思考,主动学习,有获得感,成就感,然后激发他们对学习的兴趣,从而获得成绩的提升甚至是获得一种自我认同感。而在这个过程中,需要做的是鼓励他们,大胆放手,让课堂形式丰富,让更多的孩子动起来,参与进来。

现在,学校学本课堂的推进已经进入"提质增效"阶段,我的这些转变还远远不够,还需要在很多细节上去落实。

在接下来的教学过程中,我依然要持续重点关注那些课堂参与度不够的学生,找到他们积极性不高,没有参与进来的原因,我认为要让每一个学生切实成为课堂的主人,我们的课堂才会是高效的课堂。紧接着,进一步培养小组团队合作学习的能力,让组内形成互帮互助的氛围,落实小组竞争机制,激活小组之间的竞争,让课堂活起来,动起来。而这些,需要我们教师有更多样的教学形式,更规范的流程操作,更多的小技巧。当然,很重要的一点,"问题"是学本课程的核心,我认为教师对预设问题的把握,对学生问题的筛选,都需要严格把关。讨论过程是否始终围绕问题展开,最终展示的答案是否规范有效,一个个细节都需要去落实,去打磨。

改变一点点,一点点地改变。作为学本课堂的参与者、实施者,我会积极投身于它的发展之中,与全校教师、学生一起积极探索实践,找到一条切实适合学生发展的路径,以新观念、新思路和新方法投入教学,让学生在学习中获得知识的积累,能力的提升,自我价值的认同。

愿逐明月,趋光而行

——学本课堂实施心得体会

2019级语文备课组　沈艳琼

人最怕的,就是失去初心,失去对生活最简单的信任和热情。语文教学也同样如此。回顾最近几年的教学工作,总有一种游离于茫茫原野,不知归路也找寻不到突破口的不知所措。好在,在这个教学13年的节点上,遇见了国培计划,遇见了名师工作坊,遇见了云南省任玲高中语文名师工作坊有效教学研修活动中的"问题"切入教学,更遇见了麒麟高中的课堂改革——学本课堂。从参与任玲高中语文名师工作坊有效教学研修活动"问题"切入教学的示范课到学习使用韩立福教授研究突破期发明的"先学后导—问题评价"(FS)有效教学模式,让我一步步明晰了语文人的根本所在。

一、"问题"切入教学之体会

2011年,云南省任玲高中语文名师工作坊有效教学研修活动在麒麟高中举行,活动的目的是探讨备课时教案的叙写究竟将立足点放在哪里和通过研究学生的学来改善教师的教,活动主题为"问题、活动、训练"。该活动所强调的"问题",不是强调问题的预设,而是更强调教师的教学是建立在学生问题的基础之上这一命题。落脚点直接就是学生,即教师给学生自读的时间,让学生充分亲近文本并自己发现问题。在此研修活动中,我有幸上了一堂示范课,我教学的《扬州慢》,预设的初衷就是要突破本次有效教学活动三个突破口"问题、活动、训练"

中的"问题"这一突破口,所以我当时把本课的教学设置为两个课时。第一课时在带领学生诵读并疏通词意后,留时间让学生自读,并抛出一个问题:"词人为了突出其'黍离之悲',除了用典等表现手法,你还有哪些发现或疑问?"曲靖一中何英老师执教的《游沙湖》也是提前让学生自读全文,质疑问难后再把问题提交给何老师。

  此次活动让我意识到,这种充分尊重学生、敢于放手让学生思考后提出问题的做法,不仅有助于教师关注学生的实际和需求,还有助于我们很好地做到根据学情选择教学内容,并为后面设计出富有活力和成效的教学设计做铺垫。同时,学生"问题"的视角和质量也往往会出乎我们的意料。可以说,学生的这些问题不但有趣还有质量,充满了智慧的火花。那次学生思维的碰撞,让我看到了语文教学的希望。

二、"'先学后导—问题评价'教学模式"之尝试

  韩教授的"先学后导—问题评价"有效教学模式是针对传统教学"先教后学""先学后教"的过程思维和无问题教学等严重弊端,在"问题评价"教学模式基础上,经过多次试验研究,探索性地提出来的有效教学模式。该模式是以问题发现、生成、解决为主线的评价性教学模式,教学思维由先教后学走向先学后导,这些内容与我之前接触的"'问题'切入教学"有很多相同之处,所以,学校一开始培训的时候,我就相当感兴趣。

  但"先学后导—问题评价"教学模式是在教师指导下,学生和教师以问题发现为主线进行评价性的自主合作学习,对生成问题进行互导性的合作探究学习。所以,在尝试韩教授学本课型中的"问题发现课"和"问题生成课"时,我对之前使用的"问题切入教学"的做法进行了改进,在学生问题的基础之上加上了教师的问题。这种依据师生的问题来设计的教学流程,在具备确定性的同时又为生成性留下了广阔空间,因为它不是僵硬的确定性,它还蕴含着"生成性"。在尝试的过程中,我也发现,好的课堂,处处体现的都是生成的活力;好的教学设计,其本质就在打破常规,往往不做预设,而是把教师教学内容的陈述,变成学生学习问题的探究。

学生自学后生成的问题肯定是五花八门的。哪些选用,哪些不用,此时就需要教师在自己深入解读文本的基础上来关注学生存在的问题。而学生存在的问题、教师要讲的内容和课程要求的目标这三者接轨的地方,也就是我们要下大气力的地方,问题的契合点也即教学的起点。找到这些契合点的同时,我们也就明白了学生懂或不懂的是什么,需求的是什么。体现了"先学后教""以学定教"的理念,课堂的教学目标以及重难点也就变得简单明了了。

三、学本课堂实施之收获

问题是思维的动力,是创新的基石。实施学本课堂2年来,我转移了备课的关注点,站在学习者的角度,把一个个需要讲解的教学内容,转换成一个个有序展开的"问题",然后在课堂上,随着这些问题的一一探讨与解决,把教学内容自然转换成学生的学习认知和技巧能力。新课程所倡导的自主、合作、探究的教学理念,其本质都是在强调问题的解决。

学本课堂在教师和学生以及文本之间架起了一座真正的桥梁,教师不但没有硬逼着学生按照自己的"问题"走,还让学生在经历问题解决的过程中获得体验,求知欲大大增加,换取学生探究活力的同时,课堂也达到了既定的目标和收到了应有的实效。自主学习,合作评价;小组讨论,生成问题;针对问题,有效指导;问题训练,知识迁移;问题评价,规范指导;归纳概括,提升意义。没有冗长的灌输,没有刻意的雕琢,一切都是那样自然而又恰到好处。这种"有意思"的教学,其实就是让教育的痕迹尽可能淡化,在自然而然的气氛中对学生施加教育影响,是这种影响产生高度效果的条件之一。换句话说,学生不必在每个具体情况下知道教师是在教育他。教育意图要隐蔽在友好和无拘无束的相互关系氛围中。

总而言之,语文教学和学习都是一个实践性极强的过程。传统上被一些语文教师奉为圭臬的一字一句嚼烂了喂的方法,已经遭到了越来越多的深知语文学习规律的教师的批判。而放手让学生自己去发现问题,然后站在学生学习的立场上来把教学内容转换成问题后再带领学生学习文本,使用学本课堂并通过小组合作学习活动最终解决问题。这种以追求教师讲的东西与学生认知需求接轨的课堂,应该是实现高效课堂的有效途径和突破口之一,也会是好教育、好课堂的衡量标准之一。

让学生成为课堂的主人

2019级语文备课组　许天明

2019年,麒麟高中推行课堂教学改革,启用"学本课堂",我有幸参与其中,现将两年的认识和感受简述如下。

现在我们的教学倡导"学本课堂",即在课堂教学中以学习者作为学习的主体,高度关注学生的学习状态,重在培养学生的学习品质,着力指导学生自主学习,并以此为根本展开教学活动。"学本课堂"的主体是学习者,核心是学习,标准是会学。放手让学生自主探究,同时更要通过实验培养学生的"求真"精神。

以学习者学习为本的学本课堂,无疑是同学们喜欢的,面对所学的知识,面对小组合作学习,同学们纷纷表示"我喜欢",教师角色的转变,让教师从主讲身份,转变为倾听者,变为学生小组学习的合作指导伙伴。教师真正走下了讲台,来到了学生中间,课堂学习气氛轻松自在。

在学本课堂中,没有纯粹的教师,教师身份将发生本质性变化,教师是大同学。教师和学生协同合作,共同围绕着核心问题开展自主性的探究学习,在单位时间内解决问题,实现学习目标,促进教师和学生共同成长的学习活动。教师对教材的处理、师生角色的转变体现了学本课堂的理念,整个过程,学生学得轻松、愉快,学得有味道。

教师教学引导学生讨论,教师不失时机地对学生做出了要求。学生纷纷说出了自己的想法,学生在讨论交流的过程中积极、主动地参与,发挥了学生创造性和独特思维的个性。教师在课堂上给学生创设机会,让大家自主设计、表达、修改、完善。创造性地教,充分发挥了探究主体的创造性和想象力,使得这一环节成为亮点。真正努力地实现"以学为本,以学定教;以教导学,以学促学;还教于学,共同成长"的课堂变革目标。

把学习的主动权还给学生,让学生成为课堂的主角,培养学生学习兴趣、学习习惯和学习能力是学本课堂教学的关注点,学生才是占主体地位的。倡导学本课堂把学习主动权交给学生,对于教师来说,要想让学生主动学习,必须营造一个轻松、和谐、民主、平等的课堂氛围,只有这样,我们的学生才敢讲想讲也能讲,在这种氛围里,我们的学生才能逐步走近科学走进科学,成为研究科学的"行家里手"。

课堂上强化学生的质疑,加强对学习方法的指导,及时给予评价,并适时给予学生鼓励,让学生勇于提出问题,并且提出有价值的疑问,真正把学习主动权交给了学生,真正让课堂属于学生。

学本课堂,顾名思义就是把学习的主动权还给学生,让学生成为课堂的主角,把培养学生学习兴趣、学习习惯和学习能力作为课堂教学的关注点,努力实现"以学为本,以学定教;以教导学,以学促学;还教于学,共同成长"的课堂变革目标。

在师生关系方面,有别于教本课堂,师生关系不是上对下的长幼关系、授受关系,而是真正意义上的民主、平等、人文和谐的发展关系。师生为了共同的目标而通力合作,相互帮助,追求的是一种真学习。在教学关系方面,师生之间不是那种传授和告知关系,而是合作学习,共同建构知识发展能力的关系。师生共同创建小组合作团队学习机制,创建人文、自由、开放、多元、灿烂的学习氛围,让学生实现真实、自由、自主的阳光学习。通过学本课堂学习,最终目的是让每位学习者的生命得到精彩绽放。

在日常教学中落实"改变一点点,一点点地改变"的思想。如,改变备课方式、编写学习工具单、开展有效辅导与训练活动等。教师要积极转变教学地位和角色。要从"主演"变为"导演",从"教学生"转向"教学生学",从知识的传授者转向学生学习的组织者、引导者。提高研究学生、课程标准、教材、教学方法和学习方法的能力。从关注教学生到关注教学生学,要求课堂以学生为中心,教学逐步走向民主,注重为学生创设一种自主学习、自主体验、和谐的环境。

疑问是激发学生学习兴趣,使学生产生学习愿望的动力源泉。设疑、质疑、解疑,是让学生实现发展、达成目标的主渠道,是课堂教学的主轴。在工具单中,我们将学习目标转换为一个个具体生动的问题,适时地把学生置于"问题"的环境中,激发学生对问题的兴趣,生成悬念,以产生解决问题的愿望,让学生在整个学习过程中,都能围绕问题自主学习、合作探究。在学生争论问题时,对学生意见的正误,教师不要急于表态,而应以高度的耐心和警觉,随时捕捉学生创新的思维火花,并使其"燃烧"起来。对讨论中的不同意见要给予保护,尤其是对那些具有建设性、别出心裁与众不同的意见,要及时地给予评价和激励,要让"疑"贯穿于课堂教学的始终,让"疑"成为学习的主轴。

总之,与以往的课堂相比,要强化学生的质疑,加强对学习方法的指导,及时给予评价,对学生的疑问进行删选,并适时给予学生鼓励,让学生勇于提出问题,并且提出有价值的疑问,真正让课堂属于学生。

让每一朵花儿绽放,让每一棵小苗茁壮成长
——"学本课堂"教学体会

2019级语文备课组　张蕊

2019年秋季学期,我校进行教学改革,引进韩立福教授的学本课堂教学模式。在接近两年的教学改革中,我自己在学本课堂中学习、摸索,对教学,又有了一些新的领悟。

韩教授的学本课堂,是指以学习者学习为本的课堂。这里的学习者不是单纯的指学生,而是指教师、学生和直接参与者。也就是说,在学本课堂中,没有纯粹的教师,教师身份将发生本质性变化,教师是大同学。具体而言,学本课堂就是教师和学生协同合作,共同围绕着核心问题开展自主性的探究学习,在单位时间内解决问题,实现学习目标,促进教师和学生共同成长的学习活动。在师生关系方面,有别于教本课堂,师生关系不是上对下的长幼关系、授受关系,而是真正意义上的民主、平等、人文和谐的发展关系。师生为了共同的目标而相互合作,相互帮助,追求的是一种真学习。在教学关系方面,师生之间不是那种传授和告知关系,而是合作学习,共同建构知识发展能力的关系。师生共同创建小组合作团队学习机制,创建人文、自由、开放、多元的学习氛围,让学生实现真实、自由、自主的阳光学习。教学的最终目的是让每位学习者的生命得到精彩绽放。在这个过程中,学生是主导,学生是主角,教师是幕后的引路人、导演或是背后努力让主角表演精彩的人。

初次听了韩教授的培训,我觉得这种方式很高大上,离自己很远。培训多了,慢慢地对学本课堂有了粗浅的认识,同时暗自质疑:我能学懂它吗?我们的学生能学到它的精髓吗?

在学校的组织下,我们很快把学生分了组,选了学术助理和每个小组的学科长,开始从形式上做到像学本课堂。开始的课堂,部分学生较有兴趣,但推进很慢,学生水平的参差不齐、学术助理组织课堂的能力、小组讨论的低效率等等都让我心焦。还好,只要功夫深,铁杵也能磨成针。班主任的反复培训,科任教师的多次训练,使课堂效率有了一定的提高。学本专家的指导,学本课堂赛课的举行,又让我们教师又一次成长,对学本课堂有了新的认识。

学生在这两年的实践中基本适应,学本课堂也有了一定的实效,我从以下几方面谈一下收获:

一、学术助理得到了成长锻炼

我任教班级2019级14班、2019级09班的学术助理从之前的紧张,不够自信到现在驾驭课堂游刃有余、落落大方,从个人能力来说,有了质的飞跃;作为学术助理,他们的任务是把整个班的语文成绩提高,在想办法提高成绩时,他们的沟通协调、管理能力也得到锻炼;在组织课堂过程中,他们注意力更集中,他们组织过课堂的相关知识,他们理解得更透。

二、学生的学习主动性更强

只要学生愿意,主动学习的效率一定比被动学习高,通过学科团队的反馈,能及时解决学习漏洞。

三、加强集体凝聚力

以小组为单位的考核,让他们更有团队意识,锻炼了他们的团结协作能力。

四、教师课堂更轻松

教师俨然一个导演,只要课后备课足够充分,课堂就会很轻松,没必要苦口婆心、谆谆教诲,只需要适时补充,让课堂锦上添花,一天上五六节课也不会口干舌燥。

在学本教育的课堂上,教师是策划者,是引导者。教师只是给学生指个方向,剩下的时间都交给学生,教师再也不用一遍遍地重复了。

在学本教育的课堂上,学生是课堂的主人,他们控制着课堂,通过全身心地去查阅与课文有关的知识,扩充了自己的知识面。同时这种学习是自愿的,更能收到事半功倍的效果。

当然,真正达到学本课堂的高效,于我而言,还有一大段距离。"路漫漫其修远兮,吾将上下而求索。"学本课堂力争让每一朵花儿绽放,让每一棵小苗茁壮成长!

亲近文本,深度学习,让学生"动"起来
——以《百合花》为例探究小说"结构化预习"的方法

2020级语文备课组　黄海燕

随着科技发展,未来社会的文盲不再是不识字的人,而是没有学会怎样学习的人。预习是学生学会学习语文关键的第一步,是求知过程的一个良好开端,是自觉运用所学知识和能力,对一个新的认识对象预先进行了解、求疑和思考的主动求知过程,既有利于对旧知识的回顾和复习,乃至运用,也有利于培养自觉思考问题的习惯,提高分析问题,解决问题的能力。

"结构化预习"是韩立福教授学本课堂"先学后导"有效教学模式中实现"学生主体地位"的关键环节,是学生学习语文的起点,是有目的、有方法的学习准备。它不是单一的知识预习,而是立体、系统、带有发现性特点的深度预习,直接影响到课堂的教学效率和学生自学能力的培养。可以说,学本课堂成败的关键在于结构化预习实施的优劣。因此,作为高中语文教师,我们要从学生的可持续发展出发,努力培养学生"结构化预习"的习惯,提高学生的自学能力,以适应时代发展的要求。

"结构化预习"要求学生按"查、画、写、记、练、思"六字诀深入、系统地把学习内容读熟(流利复述或背诵)、读厚(充分利用工具书搜集整理相关信息)、写满(用不同颜色的笔做好批注)。语文的结构化预习,我们追求在读中理解,在读中体会,在读中感悟。只有学生达到熟读深思,深度理解和内化,才能为下一步的

合作探究、展示交流奠定基础,避免合作交流探究的低效或无效。当然,在具体教学实践中,如何让学生尽快掌握"结构化预习"的正确方法?如何避免简单生硬地照搬照抄,真正领会掌握"结构化预习"的精神实质?如何把结构化预习这一环节落到实处,真正发挥其应有的功效?我想,我们更应该结合语文学科特点,结合新教材教学内容,不同单元的学习目标,不同体裁文章的教学要求等方面,对"结构化预习"进行适当调整,从而真正提高学生学习质量,提升学习能力。下面,我将以《百合花》为例,具体谈一下小说教学如何进行结构化预习这一问题。

一、教师要亲自示范,教给学生结构化预习的方法

开展"结构化预习",对于长期缺少自主学习习惯的高一学生来说有一定难度,这就需要教师在一开始引导、示范,做好"结构化预习"的专项指导。《百合花》是学生进入高中后接触的第一篇小说,做好"结构化预习"指导,对于学生今后学习这类文体有示范作用。为此,我先做"下水作业",通过"结构化预习"指导课对学生进行专项训练,带领学生对文本进行"阅读六字诀"的操作,将具体教学内容与"结构化预习"深入融合,使学生真正掌握技巧和方法。

(一)查着工具读,扫清阅读障碍

拿到一篇小说,首先要通读,我要求学生先浏览课文,一边读一边给小说标上段落符号。虽然麻烦,却能为下面精读小说时快速定位,提高课堂效率做好准备。而小说中的生字词,虽然这几年高考没有直接考查,但我认为,生字词关系到小说内容理解的准确性,学生字词知识的匮乏和能力的偏差,最终将导致其语文能力和素养的低下,推而远之,还事关民族语言文字的传承、民族文化的传播和国家人才的培养,必须重视。所以,我带领学生用"□"框出生词,对照注释,查阅相关工具书,标注字音,解释字义,扫清了阅读的障碍。

(二)画着重点读,养成圈点勾画批注习惯

通读小说之后,学生对小说内容有了大致了解,就要一边阅读,一边圈点勾画批注,对小说进行精读。具体操作要求如下:

1.仔细研读教材"单元导语""学习提示""单元学习任务",了解小说学习要

点和方法,结合《优佳学案》,了解小说作者和写作背景,边读边用"—"勾画要点。

2.再次阅读小说,完成如下任务:

边读边用横线"—"勾画小说中提示小说情节发展的时间、地点词句,段落过渡句等。如"1946年中秋""我们到包扎所,已经下午两点钟了""我们先到附近一个村子""回到包扎所以后""天黑了,天边涌起一轮满月"等。厘清小说故事情节,用双斜杠划分层次,并概括每部分的主要内容。

用波浪线"～"勾画小说中人物描写生动传神的句子,着重用圆点"·"标注其中修饰人物的动词、形容词,因为它们往往代表作者对小说中人物的情感态度倾向(这一点非常重要,读者总要明白作者的立场),分析小说中的人物形象,并在相应位置对人物的性格特点及描写人物所用的方法做批注。如《百合花》中2次写到通讯员枪筒里插的树枝和野花,4次涉及衣服上的破洞,2次提到他给我的馒头,3次提到百合花被子,这些都生动传神地表现了人物的性格。

用括号"( )"标注小说中环境描写的句子,分析这些描写展现了怎样的情境氛围,社会特征,简单进行批注,并思考这些描写对小说人物塑造、主题表现有什么作用。如小说第4、5段中对于"白夜"的描绘。

用问号"?"标注阅读中有疑问之处。

这些细致的圈点勾画批注,不仅让学生对文本有了整体把握,也让他们逐渐学会细读文本,培养其对文字的敏感性,帮助他们养成良好的阅读习惯。当然,这个阅读过程要注意提醒学生一些细节,如:阅读时务必持笔待用;笔沿字走,与目光所及保持同步,以此提高阅读效率;注重平时的阅读习惯,每次阅读都要使用这种方法,力争达到熟能生巧的境界等。

(三)写着感想读,知识转化成问题并做答

学本"结构化预习"对于现代文阅读提出了"10问原理法",要求学生在精读课文之后,以"Q""A"的形式在课本空白处用黑、蓝双色笔把知识转化为问题并做答。对此,我根据小说这种文学体裁的特殊性,对现代文阅读"10问原理法"改进之后,给学生提出了"小说阅读10问原理法":1.这篇小说的题目有什么含义? 2.小说中的故事发生在哪里? 发生于什么时候? 3.这篇小说中有哪些生字词? 4.这篇小说叙述了一个什么样的故事? 是按照什么顺序展开叙述的? 5.小说分为几个层次？每部分写了什么？6.小说涉及哪些人物？他们之间的关系如何？分析一下主要人物性格特征。7.请思考一下小说运用了哪些独特的艺术手法？(情节叙述、叙述人称、情节结构、写人手法等)8.这篇小说哪些语句和段落比较精彩？请试着鉴赏一下。9.小说的主旨是什么？10.读完这篇小说,你获得了什么样的启发？

督促学生认真地回答完这些问题之后,有的学生可能已经独自解决掉大部分问题,即使没有,只要尽力做了这些,他们就知道自己上课应着重听什么,课堂学习也有了一种方向性和目的性,课堂效率也就提高了。

(四)记着内容读,知识内化为能力

小说虽然一般不要求背诵,但《百合花》一些细节描写的句子却很是经典,熟能生巧,读熟这些句子,不仅可以加深我们对小说的理解,也对我们写作记叙文大有帮助。另外,小说中涉及的生字词和《问题导读评价单》上"知识链接"涉及的小说一些基础知识也是我们要花时间记住的。

(五)练着习题读,自我检测成果

在学生开始"结构化预习"之前,备课组就以集体备课的方式,提前一周准备好高质量的《百合花》工具单。学生完成前面几个环节之后,我要求学生完成《问题导读评价单》《问题解决评价单》上相关习题,前者要求合书而做,有错用红笔改正;后者要求独立完成,大胆做答,不会的题做上标记。这为后来课堂讨论交流,展讲等进一步学习做好了准备。

(六)思着问题读,个性解读文本,提升思维

结构化预习的过程不仅是学习、掌握预习方法的过程,同时也是一个解决预习疑问的过程。所以培养学生的问题意识对于推进结构化预习,提升学习效果至关重要。当然,高一学生这一环节可能暂时难以操作,因为刚开始提出的问题往往比较简单,甚至是为了提问而提问。但我想,学生的问题意识和问题能力是一个发现、生成、解决、再生成、再解决的过程,一段时间的学习之后,教师要注意引导学生积极动脑,读文本提出自己个性化的解读,生成自己的问题;还可以把学生提出的问题"晒一晒",和学生一起讨论哪些问题可以合并,谁的质疑更有价

值,谁的疑问更能引起大家的思考,谁的疑问会引出争议,并分析原因。以此不断培养学生的提问水平,训练思维,提高学习能力。

二、建立配套机制,保障"结构化预习"有效实施

俗话说,无规矩不成方圆。学习毕竟是件辛苦的事情,新鲜感过了之后,惰性来袭,如何保证"结构化预习"有效开展,这就需要我们教师积极开动脑子。所以,我依托小组学习机制,充分调动学生学习的积极性,营造浓厚的学习氛围。

学本课堂学生学习都是通过小组合作团队学习来实现的,小组内人人都是学科长,每位成员都有自己的学习伙伴。依托这一机制,我们建立了预习公约,每次完成结构化预习,同伴先相互检查,之后学科长在规定的时间检查组员完成的质量,结果报告学术助理,学术助理将预习完成情况记录在案并上报教师,教师及时与学生沟通,督促其完成。每次结构化预习的成果都及时予以评价,实施积分和扣分,对优秀学生给予一定的物质或精神奖励,对不认真的学生适当安排劳动任务,任务清楚,职责明确,后果明了,学生们的责任心也就明显增强。

常言道,"最有价值的知识是关于方法的知识"。经过几次强化训练,班上学生"结构化预习"能力有了很大提高,课本呈现了由干干净净到充实有序的改变,课堂效率大大提高。我相信,随着习惯的进一步养成,学生生成问题的意识和文本自我解读的能力将进一步提升,结构化预习形式将趋于多样化,内容更具体更深入。"结构化预习"让师生掌握学习知识的方法,让课堂成为教学相长的生命场。方向笃定,脚步坚实,我们将在实践中不断学习、改进,让操作逐渐走向规范,实现教学质量的显著提升。真切地期待着我们的课堂因此而变得高效丰实,智慧灵动。

深度走进学本课堂　助力教师专业发展

2020级语文备课组　孙华刚

课堂是学校教育教学的主阵地。为全面提升教育教学质量,我校进一步深化课堂教学改革,积极探索适合学生发展需要的课堂模式。学校根据学校教师、学生、课堂教学实际,于2019年7月,引入促进学生想学、乐学、会学、自学的"学本课堂",启动课堂教学改革,实施学本课堂。

学本课堂是以学习者为本的课堂学习活动,其中的学习者包括学生、教师及参与者,不是指以学生为本的生本课堂。我校实施的学本课堂属于问题导学型学本课堂,是指师生共同以问题学习为主线,围绕问题开展自主合作探究学习,单位时间内解决问题,实现学习目标的课堂活动。

学本课堂实施已近两年,这两年,我按照学校要求,跟随韩立福教授及其强大的团队,深入研究学习学本课堂理念,扎实有效实施学本课堂。经过两年的学习和实践,不仅学生学习能力有了质的提升,而且我个人教师专业能力也有了显著增强。

一、学本课堂,转变了我的教师观

在真正接触并深入研究学本课堂之前,我始终认为课堂是教师的课堂,教师是知识技能、方法思维的传播者和引领者,学生是知识技能、方法思维的接受者和学习者,我对"以教师为主导,学生为主体"的新课程理念理解得不够深入,认为教师是一堂课的设计者和解释者,学生需按照教师的设定完成主体任务。学本课堂的介入和对学本课堂的学习,改变了我陈旧的课堂观,让我真正认识到:教师和学生都是课堂中的学习者,在面对知识学习这一过程的时候,学生和教师拥有同样平等的地位和主动权,课堂不是教师的"一言堂",不是对固有"剧本"(教学设计)的僵硬演绎,而是教师与学生在教学设计大纲的限定内发挥主观能动性,共同创造课堂生态和活力的精彩舞台。

这样的教师观的转变,让我对学生课堂角色功能有了新的认识的同时,对学生创造力也有了更多的期待。学本课堂模式下的学生,在拥有课堂主动权的前提下,能对所学知识做到前置性学习,在课堂上和同伴展开积极的讨论,在展讲中展现出超乎想象的语言组织能力和一定的逻辑思维能力,不仅建立起了对知识的兴趣,也培养了个人能力,树立了学习信心。学生在学习中,找回了自信,激发了活力,提高了效率。

二、学本课堂,激发了我的工作欲

需要说明的是,学本课堂并非指以学生为本的课堂,而是以学习者为本的课堂。这里的学习者,包括教师。换言之,教师在学本课堂模式之下,并不是身居幕后,而是在做好幕后工作的同时,和学生一起站上课堂的舞台,共同演绎课堂,创造课堂。

教师既是课堂的主要设计者,也是课堂的参与者。这样的角色转换,不得不倒逼教师更全面深入地去研究教学、研究学生。在学本课堂模式下,教师不仅需要按传统课堂进行教学设计,还要在集体智慧的助力下,开发工具单,做好学术助理培养工作,时刻关注并解决学生学习中出现的问题、存在的疑惑。教师在课堂上看似轻松,实则在课前需要做更多的准备工作。这从客观上改变了教师的工作固有模式,增加了教师工作量,也为教师的二次成长提供了契机。

而我,也正是在这样的课堂模式之下,对过去已有知识进行了重新洗牌和补充,在激发我学习欲望的同时,也激发了我认真对待工作的热情。

三、学本课堂,提升了我的课堂关注高度

传统的课堂模式,教师的关注点更多是如何把知识传授给学生,完成既定的教学任务,达到提升考试成绩的教学目标。学本课堂在一定程度上提升了我对课堂的关注面,从而提升了我对课堂的关注高度。学本课堂注重的并非仅限于知识的传授,它更强调学习过程和这一过程中学生思维水平、学习力的培养和提升。课堂对学生发挥空间的客观拓宽致使教师观测时间的增加,也促使了教师更多关注学生在课堂上思维和能力的形成。

为了实现学生学习思维和能力的提升,教师有了更多时间和精力去琢磨提升学生思维和能力的方法。这样的琢磨,实际上就是教师课堂关注力和掌控力提升的重要方法和路径。课堂关注高度的提升,促进了教师教学方法的更新和教师教学能力的提升。

四、学本课堂,促进了我的专业发展

学本课堂理念的新颖性和实际操作的复杂性在客观上促使我必须花更多的精力进行理论学习。理论学习本身就是一种实现教师专业发展的有效途径。自2019年7月学校实施学本课堂以来,我不仅跟随学本团队学习理论和实操,而且经常自主学习学本课堂理念,认真阅读《韩立福与学本课堂》,学习其中的经典案例,研究其背后深藏的教学理论。

经过两年的学习,我不仅对学本课堂有了深入的了解和深刻的认识,对教学理论学习方法也有了一定的经验积累。在教师专业发展的道路上,我也因学本课堂正走向纵深处。

学本课堂实施的这两年,有很多质疑的声音。我想一个新事物进入人们视野的时候,有争议、有质疑,这是再正常不过的事情。但个人以为,争议和质疑一定是建立在深入了解和学习的基础之上的,不然我们无权也无能质疑。与其停留在无谓的质疑上,不如深入学习研究,找到其中对我们教学和个人成长有利的资源,利用起来,成长起来,毕竟教师的专业成长对教师至关重要。而学本课堂,在一定程度上对教师的专业化成长有着不可小觑的价值和意义。

学本课堂：为有源头活水来

2020级语文备课组　雷曼

"十年磨一剑，砺得梅花香。"回顾十余年的教学历程，我却发现，自己除了在掌控课堂时更加自如，对课堂所要传授的知识点更加熟练，似乎毫无长进。我们日复一日地重复着"备—讲—批—复—考"的工作流程，从未认真考虑并规划过自己的专业发展。2020年9月，经过简单的培训，我战战兢兢地带着"学本课堂"教学模式走进课堂，一路走来，我也经历过迷茫、挫败，甚至抵触。但一年的磨合和尝试，也让我对"学本课堂"有了新的认识。朱熹在《观书有感》中写到"问渠那得清如许？为有源头活水来"。而这也正是一年来我实践"学本课堂"模式的最大感触。

从内打破是成长，从外打破是压力。"学本课堂"从某种程度上来说，它唤醒了我的自我专业发展意识。我们都知道，"学本课堂"最大的变化，就是教师和学生在学习过程中的角色变化。教师不再是课堂的主导者，而只是一个参与者。学生也不再是被动学习者，而是主动学习者，是建构型学习者。这种身份的转变并不代表解放教师的时间和劳动，相反，它对教师的专业素质提出了更高的要求。传统课堂学生更多的是被动地接受教师预设的知识或问题，而"学本课堂"则需要教师具备课前结构化设计能力、课中智慧化导学能力、课后回归化指导能力。课前如何让学生的结构化预习达到教师的预期效果，课中如何保证学生的讨论和展讲更高效，课后如何指导学生进行回归复习，让知识和概念真正变成解决问题的能力。可以说每一个环节都需要教师殚精竭虑地去思考。只要是某个环节衔接不好,也许我们就无法保证学本课堂课型流程的完整性。"学本课堂"让我在备课过程中或课堂组织中的学习目标更加明确,同时也能让我及时发现学生在学习中存在的问题,并反思自己在课堂组织过程中需要改进的地方。

  教育的目的是唤醒我们已有的认知。我们常说语文是一切学科的基础,而作为语文学科教师,我们到底要培养具备什么能力的学生呢?课标和考试大纲希望我们能培养具备语言表达、信息整理、阅读分析能力的人。而这些能力通俗一点来讲,就是具备一定的"听、说、读、写"能力,并熟练运用它们。至于这个能力怎么具备,传统课堂通过灌输和刷题,表面看,应试能力是提升了,但实质语文素养极低。而"学本课堂"对于这些能力的训练提出了一个专业的术语"阅读六字诀(查、画、写、记、练、思)"。简简单单的六个字,就把实现能力提升的途径清晰明白地告诉了我们。它告诉执教者和学习者,要想真正实现能力提升,最根本最基础的是阅读书本教材。而这条认知之路,我们似乎已偏离了很多年。

  一个人走走得快,而一群人走则走得远。"学本课堂"还有一个非常有特色的地方就是集体开发工具单。在这个过程中,大家积极协作,充分地发挥自己的集体智慧,对开发出来的工具单进行讨论、修改、完善。虽然备课的程序更多了,制作修改工具单的任务更重了,工具单依然有许多需要精进的地方。但教师们通过集体研讨,思维碰撞,改变了以往闭门造车和单打独斗的教学方式,增强了"一荣俱荣,一耻俱耻"的集体观念,还弥补了个人备课时的思维局限,让我们更清晰地认识自己的不足,实现个人专业能力的更快提升。

  也许,对于有些人而言,"学本课堂"它仅仅是一种教学模式,但对我而言,它能让我不断地反观自己,并用心去寻找那个能让课堂焕发生机的源头,也许这个过程还很漫长,也许中间还存在很多挫折,但我依然愿意选择尝试,我也坚信最终的结果也必然一路芬芳。

学习韩立福"问题导学、学本课堂"感悟

2018级数学备课组　孙德贵

2019年10月,中国教育科学研究院的韩立福博士,把课堂改革的春风吹在我们麒麟高中的校园,吹在我们麒麟高中三百余名教师的心中,使我们蕴藏了多年的课堂改革的精神和力量爆发出来了。两年的培训实践忙碌而又充实,韩教授以大同学的身份和我们交流学习,缩短了我们之间心灵上的距离,我们感受到了和蔼、亲切。他用讲授和实践操作的方法,把枯燥、深奥、难记的道理深入浅出地交给我们,尽管每次培训,我们结束的时间很晚,但我们还是感觉意犹未尽。以下是我践行"学本课堂"的感悟。

一、"教本课堂"离"学本课堂"有多远

我们的课堂发展有四重境界,即教师的知识讲授课堂,依靠教案;教师的导学课堂,依靠导学案、教案;问题导学课堂,依靠问题导学工具单加教学方案设计;自我导学课堂,学生自己产生问题自己解决。"教本课堂"是前两重境界,"学本课堂"是后两重境界,说到底,"学本课堂"是"教本课堂"的提升,最终达到了教学的最高境界,教是为了不教。而我们现在的课堂改革是在第三重境界上,也就是"问题导学"课堂,实现了从"教本"到"学本"质的跨越。

二、我对"学本"课堂与"教本"课堂的粗浅认知

我们传统的课堂属于教本课堂,问题导学课堂是学本课堂;教本课堂以教师

讲授知识为主,学生听讲达到目标,问题导学课堂以师生共同的问题学习为主线,进行自主合作探究学习达到学习目标;教本课堂上师生是上对下的领导和被领导的关系,问题导学课堂师生是真正意义上的民主、平等、合作的和谐关系,教师就是大同学;教本课堂上知识是最主要的要素,学本课堂上,问题是最主要的要素;教本课堂上的学习方法主要采用提问启发式教学法,学本课堂则至少采用这两种方法,而采用自主学习、合作探究、展示对话、问题发现、思维训练等;教本课堂常使用教案加学生作业,学本课堂使用问题学习工具单。在这两种不同的教学方式下,因教本课堂教师只能面对少数学生,大部分学生缺乏兴趣被动学习,学习效率低;而在学本课堂上,面向的是全体学习者,在工具单上任务的驱动下,在小组的合作探究下,在个性化的展讲中,人人都能在课堂上体验到成功,体验到快乐,因而是快乐的高效学习。

三、学本课堂上各种称谓的改变

学本课堂上的师生关系是真正意义上的民主平等合作关系,所以,在这样的课堂上,师生的各种称谓发生了改变。教师被称为大同学,在新的小组合作学习中,老师是其中的一个组,和同学们共同创造一个学习场。学生在班级形成一个学习系统,这个学习系统分为两个学习体系,即行政体系和学术体系。行政体系由主任助理(也就是班长)、小组长和其他成员组成,主要负责小组内的同学认真学习,督促组员学习;学术体系由学术助理(以前的学习委员)、学科长(组内每人都担任一科的学科长,组织本组讨论交流)和成员组成,主要负责组员是否学会的问题。组内成员个个都是学科长,人人都是领头雁,以此提高学生的责任意识和合作意识。

四、如何构建"问题导学型"学本课堂

构建问题导学型学本课堂,必须抓好以下三个方面:1.学生方面,主要培养学生的三种能力,即培养学生结构化预习能力;培养学生的自主、合作、展示学习能力;培养学生回归拓展学习能力;2.教师方面,具体培养三种能力,即教师的结构化备课和设计的能力,实现大单元备课,学会组本教研,严把质量关;教师的智

慧导学能力,切实落实"一激二评三落实"(激发兴趣、及时评价鼓励、落实学习目标);教师做好回归评价指导能力。3.师生方面,共同创建小组合作、团队学习机制,搭建小组合作团队学习的有效平台,追求"三化"的学习效果(个人学习愿景化、同伴学习合作化、小组学习承包化),最终实现狼性学习的最高境界。具体如何构建,我从以下三方面落实:

(一)学生方面能力培养策略

1.培养学生的结构化预习能力

结构化预习指的就是在预习时做到目标结构化、知识结构化、问题结构化。具体采用"阅读六字诀"进行预习,即查、画、写、记、练、思。查就是查着工具读,查公式,性质,定理,数学知识背景等,凡是自己能动手查到的就自己解决;画就是画着重点读,画课后要求记住的概念,性质,定理,公式等;写就是写着感想读,可以体现学生的理解程度;记就是记着内容读,做到熟记于心;练就是练着习题读,实现作业前置化、全程化、全优化,这样可以使学生在读时发现问题及时解决,不会的上工具单,最终实现简单问题书本化,复杂问题工具化;思就是思着问题读,把自己在读的过程中产生的问题写下来,解答不了的上问题工具单。此过程先由教师指导完成,时间长后学生自主完成,启用阅读评价章,实行五级评价机制,保证预习质量,使学生预习后能达到75分以上。

2.培养学生的自主合作展示学习能力

学生自主学习采用"三定"123策略,三定即定时间、定任务、定问题,如"下面用10分钟进行自主学习,内容为几页到几页,围绕工具单上几到几题进行学习"。123指在学生自主学习时,教师要做到,1要闭口不说话,2要巡查观看,对学困生的指导声音控制在三度以内,3要心照,就是教师根据学生的学习质量随时调整时间,保证学生真正静心独立完成。

学生的合作学习采用讨论组小组方式,采用小组学习12345加2策略。具体这样操作:当学术助理说讨论开始,学科长喊起立、聚首、分配任务、小组讨论、组员间评价,为了方便书写可以坐立自如,为了组间交流,可以行走自如。真正让教室成为学生学习的学习场。

学生的展示交流,采用展示对话学习"六字诀",即展(展讲、展写等)、思、论、评、演、记。学生在展讲过程中,要注意话语结构,遵循"破冰语—陈述语—讨论语—结束语",还要把握说话的时间度、语言简明扼要、切合问题,最后要注意仪态大方、声音洪亮等。小组展讲时,要求同学们认真倾听,及时加入讨论,并做好记录。如果学生们不讨论时,教师要善于扮演打火机的作用,循循善诱,让学生们讨论起来,让课堂活起来。

3.培养学生回归复习策略

心理学上,我们学过艾宾浩斯的遗忘曲线,学过的内容要经常复习以保证记得牢。为此,在学本课堂上,为了巩固所学知识,采用拓展学习六字诀,即纳、练、思、展、问、演。写反思日记,以及回归评价和每个单元的回归复习,达到学生遗忘较少。

(二)教师方面能力培养策略

1.结构化的备课和设计能力

教师的备课,由以前的备知识转变为备问题,实现知识问题化,进行结构化备课,大单元备课。至今,韩教授的"问题之歌"我还牢记于心,他将问题分为四类:概念性问题、原理性问题、习题性问题、拓展性问题。全面把握教材,再结合课程标准和学生生成的问题,形成问题学习工具单,面向群体学生制定学习方案。

2.教师的智慧导学策略

在问题导学学本课堂中,教师首先要根据不同的课型设计不同的工具单教学方案。组织新型小组合作讨论学习,使学生始终处于战斗状态,实现狼性学习的境界。在课堂上关注学困生,做好"随堂记录评价卡",激发引导学困生。让课堂真正走向民主、开放、多元,教师采用一扶、二放、三退、四隐的策略,让学生逐渐勤起来,让教师逐渐"懒"起来。

3.教师的回归评价指导策略

教本课堂上,我们教师往往根据教学计划要求进行复习,大量的时间放在批改作业上。问题导学学本课堂上,教师组织学生进行单元回归评价学习,与学困生签订学习契约,教师在此树立服务意识,为学生提供多元发展服务,让学生成绩持续提升。

(三)如何创建新型合作小组

在问题导学型学本课堂上,学生主要是以小组为单位进行学习的,班级是一个大家,那么每个小组就是一个个小家。在小组内主要让学生学会学习,学会合作、缩小成绩差异、大幅度提高学业成绩,那么,就要把小组建设成一个温馨之家,成员像兄弟姐妹一样团结、帮助、合作,没有嫌弃和排斥。在这个家中,学生们学会交往,提高了社交能力,把班级形成一个社会雏形,既有合作又有竞争,培养学生的竞争能力和适应能力。

教师通过刚开学时对小组的组建,培养小组成员间的凝聚力,并通过小组的组名、口号、愿景、组歌、承诺词、小组公约等,定期开好团会,即学术团会、行政团会,不间断地加强组员的团队意识,最终让班内的同学达到"狼性学习"。

学本课堂的精髓远远不止这些,这只是我自己对学本课堂的一些粗浅的看法。这学期我的教学思想在不断改变,我始终记着韩教授的话,让学生预习时就把所有的知识掌握,课堂上就只想着怎样展示,怎样讲解别人才能听得清楚明白,以此锻炼自己的语言表达能力,使自己思维的刀子磨得快快的,将来成绩就业都是棒棒的。我也将不断努力,在韩教授思想的引领下逐渐"懒"起来,实现自己的专业成长。

学本课堂教学模式下数学教师的专业发展

2018级数学备课组　张忠挺

高考命题紧紧围绕高考的核心功能,上好"立德树人一堂课",做精"服务选才一把尺",树好"引导教学一面旗",做到科学设计考试内容,优化高考选拔功能,强化能力立意与素养导向。所以聚焦"核心素养",落实立德树人成为当前教育改革的主要任务。这为教学提出了更高的要求,停留在"知识应知""技能应会"层面的教学已经跟不上形势了,学校教学要发展学生的核心素养(通识素养),数学教学要发展学生的数学核心素养(学科素养)。为了促进学生核心素养的有效落实,教师需要首先具备相应的核心素养,才能将核心素养融入实际的教学过程中去,并最终发展学生的核心素养。教师是影响核心素养落实的重要因素,没有教师的引领,"把核心素养融入实际的教学过程中去"将会是一句空话,而确保教师成为学生核心素养形成和发展的引导者、辅导者和合作者,将会实现师生核心素养的共同发展,在学生素养发展的同时,教师的素养显著提高。这实际上是为教师发展提供了一个新的、千载难逢的机遇。

素养的形成,不能单纯依赖教师的教,而是需要学生参与其中的教学活动;不能单纯依赖记忆与模仿,而是需要感悟与思维;它应该是日积月累的、自己思考的经验的积累。因此,基于核心素养的教学,要求教师要抓住知识的本质,创设合适的教学情境,启发学生思考,让学生在掌握所学知识技能的同时,感悟知识的本质,积累思维和实践的经验,形成和发展核心素养。

然而传统教学中的讲授法、启发式、例题变式等,在以前看来,确实是高效的,在较短的时间内通过教师的讲解,学生能掌握不少知识和技巧,考试也能取得不错的成绩,传统教学忽视学生学习的过程而注重结果,而学生掌握知识的过程也是很重要的,就如走进社会学习技能一样。近年来韩立福教授的"学本课堂"方式,则是新学习方式的较好体现,由教师的讲,过渡到学生的讲,还有生生讲,生师讲。这是传统教学的拓展,增加了学生活动的时间,活跃了课堂气氛,增强了学生的成功感与荣誉感,培养了学生的素养能力。韩立福教授紧密结合中国教育教学实际,成功探索并创造性地提出了符合素质教育思想、新课程理念的"先学后导—问题评价"(FFS)有效教学模式,创新性地提出"结构化预习理论""问题学习为特征的多元课型理论"、"问题导学"策略理论、"新型小组合作团队学习理论"和"潜能生转化理论"等教育理论,系统研发了课前、课中和课后阶段的一系列完整的导学策略和行动工具,取得了实效性的研究成果,成功指导了多所中小学课堂教学改革。特别是《韩立福有效教学法》,为创建学本视野下的"问题导学型课堂"和"自我导学型课堂"提供了一个完整行动思路和操作工具。

韩立福教授"先学后导—问题评价"(FFS)有效教学模式是以问题发现生成解决为主线,以问题评价为手段、以任务驱动为问题解决途径的有效教学模式。教与学的过程分"问题发现""问题生成""问题解决"三个阶段来进行,把教学过程简单概括为"问题发现+问题生成+问题解决"教学模式(分别取"发现""生成""解决"三个英语单词的首字组成"FFS"),简称为FFS教学模式。

韩立福教授的学本课堂,是指以学习者学习为本的课堂。这里的学习者不是单纯地指学生,而是指教师、学生和直接参与者。也就是说,在学本课堂中,没有纯粹的教师,教师身份将发生本质性变化,教师是大同学。具体而言,学本课堂就是教师和学生协同合作,共同围绕着核心问题开展自主性的探究学习,在单位时间内解决问题,实现学习目标,促进教师和学生共同成长的学习活动。在师生关系方面,有别于教本课堂,师生关系不是上对下的长幼关系、授受关系,而是真正意义上的民主、平等、人文和谐的发展关系。师生为了共同的目标而相互合作,相互帮助,追求的是一种真学习。在教学关系方面,师生之间不是那种传授和告知关系,而是合作学习,共同建构知识发展能力的关系。师生共同创建小组合作团队学习机制,创建人文、自由、开放、多元、灿烂的学习氛围,让学生实现真实、自由、自主的阳光学习。学本课堂学习的最终目的是让每位学习者的生命得到精彩绽放。学本课堂激活了每个学生的思维潜能,培养了学生的学科思辨能力,最终使每个学生都能够能言善辩,富有较强的语言表达能力。学本课堂给每个学生搭建了思维绽放的平台。最终既发展了学生的通识素养,又发展了学生的学科核心素养。

学本课堂模式的突出特点主要表现在三点:自主性、过程性和高效益性。自主性是指该模式充分调动了教师和学生的学习主动性、自觉性,把学生从被动接受的角色转变为主动探究的角色,教师和学生都变成了教与学的真正主人,是学习活动的积极参与者和实践者;过程性是指该模式强调教师为了解决学生的"问题"而所做的充分的准备过程、对话过程、拓展过程和评价过程,也包括学生为了发现问题、解决问题而所做的一系列预备过程、对话过程、拓展过程和评价过程;效益性是指通过实施该模式,学生发现的问题,以及期待解决的问题,随着该模式的逐步深入,都逐一得到解决,在评价过程中学生不断得到成功的体验,从中感觉到学习效率在不断提升。

该模式与以往传统模式的本质区别在于:一是该模式强调教师备课的超前性、全面性、丰富性、深刻性和学习性。二是该模式强调学生备课的问题性、提前性、评价性。三是该模式强调有效课堂教学的问题性、对话性和评价性。四是该模式强调课后问题拓展的深刻性、多样性、评价性。

最后教师发展的途径很多,切入点各不相同;有的岗位成才、有的读学位提高,有的专家引领。其中最主要的还是专家引领,专家引领在教师教学研究、专业发展等方面具有自我反思、同伴互导所不可替代的作用。有学者以特级教师的人生经历为样本,对影响优秀教师成长的因素进行了研究,结果表明:"优秀教师的成长主要不是天赋,而是后天的因素:后天因素对优秀教师成长的影响程度依次为个人的努力、教学互动、专家引领、师父指导、同伴互助和领导支持。"这足以让我们明白专家引领的作用。

学本课堂再认知

2018级数学备课组　汪木彪

为适应新时期的教育发展变化，国家制定了新的课程标准要求，要求引导学生确立终身学习的理想。要实现这一目标，我们学校让学生在掌握了后续学习的知识基础上，学会学习、乐于学习。课堂教学是教育教学的主阵地，为了实现"服从并服务于学生的终身发展"这一价值追求，我们学校进行了课堂教学改革，以"学本"课堂教学模式，为学生奠定终身学习的知识基础、学习能力、学习品质。

一、理论框架

"学本"即在课堂教学中以学生作为学习的主体，高度关注学生的学习状态，重在培养学生的学习品质，着力指导学生的学习方法，并以此为根本展开教学活动。教学活动包含着教与学两个方面。在知识贫乏的年代，教师拥有着绝对的知识优势，教学中的"教"占主导，知识本身成为教学重心。但在当今知识激增的时代，教者无法仅仅通过教让学生获取足够有用的知识，知识呈现方式的多样化也决定了学者可通过更多的途径获取知识，知识的快速更新也迫使大家不停地学习。因此，学会学习、终身学习成为必然，教者的重心更应从知识本身的传授向关注学生如何学习和指导学生学会学习转变，这是文化发展的必然，是教学应以学生为主体，教师为主导原则的根本体现。

"学本"模式以学生的终身发展为远景,立足于课堂教学,具有不同层次的目标。"学本"首先是以学生的知识掌握为本。关注学生的学习,要关注学生的知识获取情况。教材中的基本知识与基本技能,是学生今后进一步学习的基础,必须要牢固掌握,否则终身学习的理想只能成为空中楼阁。在以往的教学当中,源于传统的做法,这方面做得比较到位。但仅做到这一步是不够的,"学本"还要更关注于促使学生掌握一定的学习方法,以学习能力的形成为本。授之以鱼不如授之以渔。随着社会发展进程的加快,学校教育所掌握的知识本身已不够未来使用,人们需要不断学习新知识才能满足社会生产生活的需要。只有让学生学会学习,有了一定的学习方法,才能在将来有实现终身学习的可能。此外,培养学生良好的学习品质也是"学本"目标之一。好习惯受益终身,良好的学习习惯有助于学生高效有序地实现终身学习。好的学习品质是学生在终身学习受挫时能得以坚持下去的保证,有很好的学习志趣才有将来实现终身学习的动力。最后,"学本"也要关注学生的心理发展,要引导学生正确认识世界和追求真善美的内心。要让学生感受知识与生活的水乳交融,感受世界的真实美好与其内在的规则,感受人生丰富的情感与高尚的情操。这种体验要立足于课堂,立足于学生的对比体验,立足于学生的真实感受,而不是简单空洞的说教。如果把终身学习比作在人生时间长河中的一条船,那么基本知识与基本技能是造船的原材料,学习能力与学习习惯是造船的工具和方法,学习意志与兴趣是航行动力,而正确的世界认识是掌握方向的船舵。而这些,就是我们"学本"课堂所要给予学生的。

概括地讲,一是以学定教:教学在本质上是学而不是教,教是为了学。以学定教,就是教必须从学出发,以满足于学作为教的需要。二是以教导学:教的本质也在于对学的引导。以教导学,就是教必须从学出发,以引导学生更好地学。三是以学促学:今天的学,是为了明天的学;今天的学,是明天的学的基础。以学促学,就是要以学习促进学习的提高和发展,促进学生更好地学。四是自学为主。教是为了不教,多学少教,教而不教。教学的最终目的是学,没有自学的有效实现,即使最精彩的教也于事无益。学习活动的主体是学生,没有学生的自学活动,就没有现代意义的教学。

二、流程结构

"学本"课堂是以学生的学习为主线的教学流程。课堂削弱了教师对学科知识本身进行的精致展现预设,转而关注学生的学习状态。教师应关注如何引导学生进入学习状态,关注如何调控学生的学习状态,关注如何让学生在学习中获得领悟。因此,在组织教学时,所设计的教学环节要有利于基本知识技能的形成,有利于学会学习,有利于体验成功和培养意志与兴趣,有利于感受生命成长与形成正确的世界观。

"学本"课堂教学模式呈现了充分信任学生,依赖学生的理念,要帮助学生通过自己努力,高效愉快地掌握新知识。模式的流程主要有以下几部分构成:

(一)学前尝试

这是前置性学习的重要环节,是"先学"的表现形式之一。教师课前要关注学生的知识思维基础、生活经验基础以及学前心理准备。要引导学生尝试自我学习新知,提出适当的要求帮助学生实现有效的知识自我获取。要引导学生在自我学习中摸索学习方法,感受获取知识的多样性,体验自我学习策略的有效性。让学生真正感受到"试试就能行"这一理念的正确。教师可结合教材例子,提出一些学习任务,引导学生通过看书、查问、操作等各种方式,对新知识进行一定程度的自我认知,并对布置的任务完成情况与完成方法进行激励性评价。

(二)基础积累

知识与经验的积累是活力与高效课堂的基础。课堂开始要进行三分钟左右的学科知识技能积累。"故不积跬步,无以至千里;不积小流,无以成江海。"学习也是一个与遗忘规律做斗争的过程,只有不断积累不断练习,才能累积足够的知识技能,为以后顺利进行终身学习做好准备。比如数学课堂教学中每堂课可以安排三分钟的口算训练。

(三)学习新知

这一环节是"学本"课堂模式的主体,是"先学后教,先生后师"的具体呈现。学习新知识不同于以往以教师新授为主的课堂教学模式,主体是学生,方式为自主探究、合作交流、质疑释疑等,学习过程中教师要严格遵行先学后教,先生后师的原则,要充分让学生展示学习中的思维过程,解决问题的策略。要通过小组合作等形式让学生思维发生碰撞,充分调动每位学生参与学习过程。学生教学生,学生与学生争辩,尽可能让学生自主发现、检验、运用知识,实现自我学习能力的提升,增强学会新知识"我能行"的信念。教师在此过程中,要进行好组织工作,把握好学生学习的节奏,进行适当的引领,提高学生学习的效率。

(四)巩固提升

这是"学本"课堂高效的保证。知识由简单的认识到内化为能力,为终身学习奠定基础,必须有一个技能练习的过程,"绝知此事要躬行"。巩固的过程是一个知识分层提升的过程,是知识转化为能力时不断有新的认识过程,是学生因为不断成功过关而信心倍增的过程。巩固过程是学生对自己的学习结果不断认可,不断反思,不断质疑,不断明晰的过程。巩固过程也是一个知识与生活交汇的过程,是学生体验学有所用,学以致用的过程,是学生感受世界与人生哲理的过程。巩固中要实现先练后评,给予学生充分的展示与反思机会。

(五)检测总结

这是对学本模式下课堂的一个自主评价。教师要精准地掌握学生的学习成果,除了课堂动态观察,也要有统一标准的检验,以便于个别辅导和下一课的学习目标调整。对于学生来说,检验是对知识掌握度的自我再认知,是学习效能的显性展示,是课后复习的努力方向。五至十分钟的独立检测,这是对知识技能的尊重,是对学生学习效果的尊重。此外,恰当引导学生总结,既是对学习要点的提炼,也是学习习惯的养成过程,对此应有一分钟的安排。

通过工具单,开发科学化备课
——课改体会

2019级数学备课组 彭玲芳

自我校2019年实行课程改革(学本课堂)以来,我对学本课堂的认知经历了一个从陌生到熟悉的过程。我逐步了解了"先学后导—问题评价"的教学模式:以问题为主线、以评价为手段、以任务驱动为途径的有效教学模式。即在教师指导下使学生和教师以问题发现为主线进行评价性的自主合作学习,对生成问题进行互导性的合作探究学习,并在此基础上进行以任务驱动为载体的问题探究学习。

"先学后导—问题评价"中的"学",有两层含义:一是要求教师事先对文本知识进行结构化学习,对课程和学生做出科学分析和问题预设,深度开发相应的学习工具,选择适当时机支持学生进行有效学习;二是要求学生课前对文本知识进行结构化预习,对课程内容尽可能做出结构化分析和问题预设,围绕"概念性问题""原理性问题""习题性问题"和"拓展性问题"进行自主合作探究学习。"导"的含义,是指对学生自主合作解决而尚未解决的问题进行指导,具体有三层含义:"师生互导""生生相导"和"生本联导"。"问题",是指特定情境下的未知的"东西"。针对教材内容,将"问题"分为"概念性问题""原理性问题""习题性问题"和"拓展性问题"四类。

在课堂教学中,如果有了"问题",师生的教与学就有了"抓手"。有了"抓手",师生就可以自然而然地进行自主探究、合作探究、展示对话等学习。因此,教师要课前先"学",然后开发好工具单,预设好问题,再指导学生"学"。

下面以高中《数学》人教版选修2-3第一章"排列"为例,谈谈我对利用工具单预设问题引导学生学习,科学化备课的体会:

一、仔细研读文本P14—P20,进行结构化学习,查阅相应教参、教辅,吃透教材,走进教材,和编者对话、和文本对话、和学生对话、和自己对话。结合学生实际情况,确定教学目标。罗列出本节内容的"概念性问题":排列、排列数、排列数公式。"原理性问题":特殊元素法、特殊位置法、间接法解排列的实际应用题。"习题性问题":排列问题中的相邻问题、不相邻问题。

二、确定工具单数:本节内容需要3课时,需要开发3个工具单:"问题导读—评价单"(第一课时用)、"问题解决—评价单"(第二课时用)和"问题拓展—评价单"(第三课时用)。

三、开发工具单:按照四类问题在工具单中的分布及工具单的开发理念"知识问题化、问题工具化(简单习题课本化,复杂习题工具化)"开发工具单。

(一)"问题导读—评价单"(第一课时用)的开发

"问题导读—评价单"以"概念性问题""原理性问题""习题性问题"为主。以问题的形式引导学生进行结构化预习。因此需要在学生看不懂的地方、理解有困难的地方,从学生已有的知识、经验出发,由易到难预设问题,一步步地为学生达到学习目标搭好"梯子"。

例如,学生在结构化预习时,对文本中问题1的理解有困难,我就把问题1所涉及的问题具体化,让学生带着问题去预习:

问题1:请仔细阅读课本P14-P15前六行,回答:

(1)问题1中:要完成的"一件事"指的是什么?(2)完成这件事要分几步?每一步有几种方法?按照分步乘法原理,共有多少种排法?(3)请你用树形图和列举法按参加上午活动在前,下午活动在后的顺序把完成这件事的所有结果排出来。(4)把问题1中被取的对象叫作元素,那么问题1可以抽象成什么问题?

这样一来,学生在结构化预习时,目标就更加的具体、明确。长此以往,还能培养学生的阅读、归纳理解能力。

（二）"问题解决—评价单"（第二课时用）的开发

"问题解决—评价单"（第二课时用）以"原理性问题""习题性问题"为主。主要以教师预设问题的形式归纳本节内容所涉及的题型及方法。问题的编排由易到难，一步步地为学生达到学习目标搭好"梯子"。

如：排列数公式主要用于计算或证明，我就进行以下预设。

问题1：(1)写出排列数公式。(2)若 $A_m^5=2A_m^3$。(3)（课本P20页第4题）证明：$A_n^m =nA_{n-1}^{m-1}$。

对有限制条件的排列问题的解法进行了归纳，预设：

问题2：有限制条件的排列问题。（方法）排列问题的本质是"元素"占"位子"问题，有限制条件的排列问题的限制条件主要表现在某元素不排在某个位子上，或某个位子不排某些元素，解决该类排列问题的方法主要是按"优先"原则，即优先排特殊元素或优先满足特殊位子，若一个位子安排的元素影响到另一个位子的元素时，应分类讨论。

（课本P41页第4题）某种产品的加工需要经过5道工序，问：

(1)如果其中某一工序不能放在最后，有多少种排列加工顺序的方法？

(2)如果其中两道工序既不能放在最前，也不能放在最后，有多少种排列加工顺序的方法？

（三）"问题拓展—评价单"（第三课时用）的开发

"问题拓展—评价单"（第三课时用）以"原理性问题""拓展性问题"为主。以课本习题，练习题中出现的教学内容的延伸拓展的题型及方法为主。

由（课本P40页第7题）书架上有4本不同的数学书，5本不同的物理书，3本不同的化学书，全部排在同一层，如果不使同类的书分开，一共有多少种排法？拓展了两类题型及解法，预设了两个问题。

问题1：相邻问题：（处理方法）解决"相邻"问题用"捆绑法"，就是将n个不同的元素排列成一排，其中k个元素排在相连位置上，求不同排法的种数的方法：(1)先将这k个元素"捆绑"在一起，看成一个整体；(2)把这个整体当成一个元素与其他元素一起排列，其排列方法有 A_{n-k+1}^{n-k+1} 种排法；(3)"松绑"，即将"捆绑"在一起的元素内部进行排列,其排列方法有 A_k^k 种;(4)根据分步乘法计数原理,符合条件的排法有 $A_{n-k+1}^{n-k+1} \cdot A_k^k$ 种。

例1:3名男生,4名女生,这7个人站成一排,在下列情况下,各有多少种不同的站法?

(1)男、女各站在一起。(2)男生必须排在一起。

问题2:不相邻问题的处理方法。解决"不相邻"问题用"插空法",即将n个不同的元素排成一排,其中k个元素互不相邻(k≤n-k+1),求不同排法的种数的方法:(1)将没有不相邻要求的元素共(n-k)个排成一排,其排列方法有 A_{n-k}^{n-k} 种;(2)将要求两两不相邻的k个元素插入(n-k+1)个空隙中,相当于从(n-k+1)个空隙中选出k个分别分配给两两不相邻的k个元素,其排列方法有 A_{n-k+1}^k 种;(3)根据分步乘法计数原理,符合条件的排法种数有 $A_{n-k}^{n-k} \cdot A_{n-k+1}^k$ 种。

例2:3名男生,4名女生,这7个人站成一排,在下列情况下,各有多少种不同的站法?

(1)男生不能排在一起。

(2)男生互不相邻,且女生也互不相邻。

通过"先学后导—问题评价"教学模式的三个工具单,教师对本节知识所涉及的题型、方法进行了系统的归纳、拓展。既引导学生理解、掌握了文本内容,又让教师再次认真细致地研读教材,真正达到和编者对话、和文本对话、和学生对话、和自己对话。做到吃透教材,走进教材,用活教材。让教师的备课由经验型走向科学化。

新课标指导下的学本课堂

2019级数学备课组　周均甜

数学是研究数量关系和空间形式的一门科学,数学不仅是运算和推理的工具,还是表达和交流的语言,数学在形成人的理性思维、科学精神和促进个人智力发展的过程中发挥着不可替代的作用,数学素养是现代社会每一个人应该具备的基本素养。数学教育承载着落实立德树人根本任务、发展素质教育的功能,为实现这一学科价值,课堂就是我们的主要战场。要采用多样的学习方式,以更加积极主动的态度、刻苦钻研的精神,采取阅读自学、独立思考、实践探究、合作交流多种学习方式,才能更好地掌握数学学科。内容越抽象,就越需要静下心来持之以恒地思考,然后才能有所领悟、有所收获。教学的本质是教学生学会学习,促进师生共同学习和成长的交往活动,学本课堂是以学习者为本的课堂活动,其中学习者包括学生、教师及参与者,高考指导思想是源于教材又高于教材,因此教材是根、课堂是魂,且我认为解题能力的培养就是从概念教学开始的,这让我更深刻地理解结构化预习的价值所在。

我以这次月考的质量分析为例再次领会如何在学本课堂中落实课标要求。这次月考试卷分析我从命题意图、题目来源、题目类型、预估分数、实际考分,阅卷情况(存在问题,解决办法)多方面入手,直面问题,起到了很好的效果,特别是结合个性化学习手册,举一反三,提质增效。

下面是我们提出的一些问题,在思想、专业方面,与专家的对话后很受启发,结合课堂,我们组的教师也提出了自己教学中的困难,同时也都得到了专家的鼓励、指导和帮助。

1.学生展讲语言不规范。

2.所学内容是否只需要弄清楚工具单就行?对应资料书如何处理最合适?

3.学生展讲过程中经常出现一些学生无兴趣听。

4.学生讲不清楚抽象问题,主要是读的遍数不够,时间紧。

5.展讲环节各组积分统计难以坚持,且统计数据的使用效果不佳。

6.在自主学习的过程中,经常出现预计的学习任务完成不了,致使学习内容积压,教学进度缓慢。

7.小组团队合作学习无法体现,团队合作抄袭作业、试卷的现象屡禁不止。

8.在结构化预习过程中,因学生慢慢熟悉这个模式,在后面预习过程中落实不到位,如何更好地落实?

9.高二小组分组已经慢慢成熟,如何更好激励学生讨论展讲?

10.文科普通班的学生计算能力相当弱,即使在下面讨论过的问题,上黑板讲解还是要计算很长时间,有时还算不对,其他学生在下面就坐等发呆,很多题目全班学生基本没有思路,课下教给学科长,学科长来到小组内仍然讲不清楚,其他同学慢慢地也就不愿意再听学科长讲解。

11.对于一章新的知识点,学生根本无法理解它的由来,所以成绩稍好的同学只能照本宣科,基本没有知识的形成过程,其他同学根本无法理解他们的讲解,课堂成为一个人的舞台。

12.工具单完成质量不高,部分学生花很多时间只能完成几个题!学生展讲效率不高,有的学生展讲时,分不清位置关系,上去浪费时间太多!

13.学生课前准备不充分,课前完成情况很差。学生讲解不够清楚,缺乏知识的系统性和整体感知。学生在讨论的时候纠缠于细枝末节的问题,无形之中浪费了很多时间,课堂气氛表面很热烈,但课堂效率不高。

面对教师们的困惑,我认为我们不仅要发现问题,而且要解决问题,我坚信办法总比困难多,大家都不负韶华,我们都是追梦人,因此采取切实可行的措施才会有出路。

在结构化预习时加强指导,耐心做好查工具、划重点、写感想、记内容、练习题、思问题等环节。

教师在展讲之前多走到学生身边进行知识指导、精神鼓励,督促学生,认真地面对重点和难点,不让学生的问题堆积太多,要让师生的努力都有针对性、着力点。

任何知识只要多重复,一定能悟出其中的道理,对于太抽象的问题,我们就用好它的结构来解题,再慢慢体会领悟其中的内涵。

对于课堂教学我们可以通过简单知识的实践慢慢体会六种境界:教师搭台教师唱、教师搭台师生唱、教师搭台学生唱、师生搭台师生唱、师生搭台学生唱、学生搭台学生唱。

这次考试全是立体几何,而2020年高考立体几何文科占22分,其中一个大题,一个选择题,一个填空题;理科占17分,一个大题,一个填空题,研究发现只要在平时的训练中稍微做一点变化,就会带来得分上的巨大挑战,比如我们平时的点多半是中点,用的就是中位线、中线等,而今年的是比例关系,为此我认为学习能力的培养才是关键,高考是考一个人的方方面面,且高考备考也不仅仅是高三的事,同时也要求我们在平时的学习中做到规范、准确。学习就是要抓住本质,寻找根源,学习能力的培养才是成功的关键,下面观察一组称为"指数爆炸"的数据,再谈谈我的感受。

$1^{365}=1$ $\quad\quad$ $1.01^{365}=37.8$

就从这组数据,我们可以有很多想法:

1.知识的结构或者数据,只要有稍微的变化,在处理上就会有很大的难度,因此,学习就是要培养自己的学习能力。

2.在学本课堂里专注学习,发现亮点,接受新事物,转变观念,做增值高效的事。

3.我们要努力培养学科上有想法,课堂上有话题的学生,相信一个优秀的团队是听真的声音,做实的行动,帮难的学生,用专且能的干部,助学校的发展。

4.结合这一数据,我们应该清醒地认识到,差之毫厘失之千里,同时也告诉我们迈小步、不停步才是学习该有的样子。

好的、积极的思想和行为要做加法,不好的、消极的要做减法。

阶段培养目标:

高一:学习习惯好,学习意识强。

高二:学习能力强,学习成绩好。

高三:学习心态好,考试分数高。

课堂是公路,课标是导航,相信我们麒麟高中的师父一定能逢山开路,遇水架桥,迎来一马平川。只有课堂具有生命力,学科才具有活力,学习才会有动力,学校才具有吸引力,一个专业的团队,一个勤奋的集体,一个具有智慧的领导必将带领我们冲出重围,迈上更高的台阶。

学本课堂之我见
——谈学本课堂对教师专业发展的意义

2019级数学备课组　赵渊

在接手2019级新生的时候,学校领导基于学校现状和学生的情况,经过深思熟虑后,决定进行课堂教学改革——引入学本课堂。这一举动对教师的专业发展和学生的成长都具有深远的影响。

一、全新的课堂教学模式带来了不一样的课堂体验

何谓学本教育?学本教育,就是指促进学习者和谐成长的教育活动。目的就是促进教师、学生及参与者都得到全面发展。其核心理念是:一切为了促进学习者和谐成长、全面发展。学本课堂是以学习者学习为本的课堂学习活动,其中学习者包括学生、教师及参与者,不是指以学生为本的生本课堂。韩立福博士界定了新教学的概念:教学的本质就是教学生学会学习。教学应该遵循学生的身心发展规律、认知发展规律,基于每位学生需要,有计划地、有组织地通过自主合作探究学习,并逐步指导学生学会学习,不断挖掘潜能、开发智力、丰富情感、发展能力。

学本课堂提出了一个新型课堂教学模式,即先学后导、互助展评。该模式有三大特征,即先学、互助、展评;三中心,即学生中心、学习中心和体验中心的核心观念。这给我们思想带来巨大共鸣的同时,也为我们以后开展有效教学指明了

方向。在推进学本课堂的过程中,我逐渐适应了学本课堂的教学模式,并在这个过程中提升了自己的专业知识,改变了自己的教育理念。

二、先学后导,深度理解,激活学习能力

先学即学生自主学习,其主要目的在于通过自主学习把学生激活而不是教死,是为了避免思维方式的单一化、同质化、模式化。这也是传统教育与现代教育的区别所在,传统教育提倡"先教",而现代教育提倡"先学"。在这个过程中,不仅学生在学,我们教师自己也在学,在过去的教学中,我们自信地认为自己课本上的基础知识已经完全掌握,只需要刷题就够了,但在"先学"这个过程中,才发现"读书百遍,其义自见"的道理。都说每年的高考题都是立足于课本,但自己却没有认真地读过一遍课本。经过两年的学本课堂,我又认认真真地学了一遍课本,才知道两年前的自己其实漏洞百出。

而为了解决学生先学的问题,我们就要解决学生先学的工具——工具单。在制作工具单的过程中,我们不仅需要认真读课本,还要仔细琢磨,提炼出本节内容的关键知识点,同时又能让学生轻松的理解。我们不仅需要设计出和课本以及考试题型都密切相关的题型,还要考虑到我们学生的基础,设计的题型要层层递进,以便我们的学生能顺利地解决工具单上的问题。这个过程中我们需要钻研课本和相关教辅资料,从中提取和修改典型例题,这样在避免了学生做无效题的同时还让学生了解到难题其实是由很多简单题结合在一起形成的,要想在高考中取得优异的成绩,基础是最不能忽视的一个关键点。当然,这个过程对我们自己的专业成长帮助也是极大的,我们要反复地读课本,找到并提炼出本章节的关键知识点,并以恰当的方式让我们的学生能轻松的掌握,还要查阅教辅资料,找到重要题型修改拆分成我们学生必须解决和能解决的问题。

三、互助展讲,在合作中查缺补漏,相互提升

互助展讲环节,也是课堂的核心——小组合作团队学习。合作学习有利于矫正传统个体化学习所带来的故步自封与心灵封闭,倡导竞争中的协作,改变畸形的竞争文化;有利于弥补教师群体化教学所带来的辅导不足与指导不力,确立

学生是最大教育资源的新理念,形成"点对点"的帮扶机制与管理格局;有利于改变传统讲授型课堂的教师主讲、学生接收、生生独立的局面。通过展讲,在开展小组合作学习的过程中,有效防止了小组合作学习形式化,学生只有认真去学习思考,才能流利地表述出来。小组合作团队学习的一大优点就是解决了很多学生课堂发呆的问题,也让很多学生当了"小老师",找到了自信和兴趣。而我不再像传统课堂中一样焦躁,每节课堂上看着学生激烈的讨论,我的内心是舒畅的,从他们身上看到了希望。

俗话说"三个臭皮匠赛过诸葛亮",学生在一起时,思想的碰撞很多时候也超过了教师。我曾经只要求他们能完成特定习题就行,现在他们却让我意外地发现他们可以一题多解,而且有的解法是连教师都拍手叫好的解法,是自己曾经都没有想到过的妙解。教学相长,在这一刻体现得淋漓尽致,我的学生也真正做到了让我佩服的样子,也让我自己明白,自己还有很多很多需要学习的地方。这样,我才能适应越来越优秀的学生。

四、先练后讲,摆脱定式思维,激发创造力

在学本课堂中是先练后讲,传统课堂都是教师先讲,学生后练,即教师讲授方法和示范例题在先,学生在教师讲完之后,按照教师的教学思路和方法进行练习。这样导致学生被动地接受教师的方法学习,难以有自己的深入体会和创新方法。先练后讲,打破了传统的课堂教学方法,使学生练习在前,教师讲授在后,学生在自己练习的过程中,形成自己各自的解决思路与方法,再通过教师的点评和讲解,获得新的启迪和发现,从而有益于学生创新问题解决的思路与方法。

学生先练后讲,更容易接受知识点。在练的过程中遇到不理解的知识点先记下,听其他同学讲解时就能够更容易地理解,在以后解决问题的过程中能更顺利地找到解题的关键步骤,提高解题的效率和准确率。当然这也让我们在教的过程中了解到学生的弱点和知识点的薄弱之处,为我们的教学指明了方向,减少了不必要的啰唆,也节省了教学时间。

总的来说,学校实施学本课堂的两年让我真正地意识到了自己的不足及学生无限的潜能。在这两年中我成长了很多,不仅是作为一名教师,也是作为一名学习者，明白了活到老学到老的道理，深刻地认知到自己的专业知识还有很大的提升空间，课本永远是我们教学的灵魂。同时我也学会了尊重自己的学生，认可自己的学生，我们要大胆地放手，让他们在知识的海洋里自由探索，他们的潜能远远超过我们的想象。未来的我将进一步认真学习学本课堂的各种课型和操作技巧，贯彻落实学本课堂的各个环节，让自己逐渐成为一名合格的大同学，让学生成为一名优秀的学习者。

谈实施学本课堂对教师专业发展的意义

2019级数学备课组　杨培绍

高考——对学生、社会、家庭,都有永远说不完的话题,与其有关的教师,更有说不完的言语。优秀的师者,给学生授知启智,学之道在于悟,教之道在于导,教师,不再是知识的传播者,而是学生成长路上的导引者,时至今日,如何做一名好教师?目前的课堂对教师的专业发展提出了高要求,学本课堂契合了时代的发展,学本课堂对教师的专业发展有深远意义。

1.学本结构化备课

学本课堂改变了教师以往"备课"的单一教学结构,变为"全、单、设、导、研"的结构化备课。即全——利用"全景式评价表"研究了解学生,单——利用"编辑—导演—演员"三位一体设计开发《问题导读—评价单》《问题解决—评价单》《问题训练—评价单》《问题拓展—评价单》等,设——结构化学习方案设计,集编辑—导演—演员"三位一体的学习方案设计,导——指导"学困生"预习,研——本教研组严把质量关。这就要求教师要多学习,储存更多的专业知识,读专业的学科知识,读专业的教育教学知识,读专业的心理学知识,读相关的学科,丰富自己,才能够达到符合要求的教师结构化备课水平。

2.学本结构化预习

单纯的知识传输早已过时,崭新的学习方式是先学后教,依学定教,以往教师专业发展只从自我视角出发,忽视了要从学生视角出发,学本课堂要求教师改变专业发展的视角,即学生是我之外的自我,脱离我的自我,与我紧密联系的自我,我得重视这个我之外的自我,以此指导学生,帮助学生学会自主学习。学本课堂要求教师高度重视研究学生,指导学生预习,其中指导之一是——学生结构化预习,抓好学生的"查、画、写、记、练、思"结构化预习,即查——查着工具读——信息处理法,1遍。画——画着重点读——画线学习法,1遍。写——写着感想读——QA学习法,1遍。记——记着内容读——多元记忆法,1遍。练——练着习题读,分析判断法,1遍。思——思着问题读,问题生成法,1遍。

3.学本师生两条线

学生:课前(结构化预习),课中(提高学习能力),课后(回归复习)。

教师:课前(结构化备课),课中(放扶退隐),课后(培养多种学习能力)。

课中:走进问题导学型学本课堂,让学生做学习的主人,做课堂的主人,让学生实现自主性、合作性、创新性、建构式学习,让教师追求智慧导学,智慧决定效率。让学生学会学习,教师坚持"一放、二扶、三退、四隐"的原则。组织新型小组合作学习,实现"四化"(个体学习愿景化、同伴学习合作化、小组学习承包化、全班学习最优化),体现"狼性学习"的课堂生态效应。培养学生的自主独立学习能力、小组讨论学习能力、展示对话学习能力、工具训练学习能力、高级思维学习能力、问题生成学习能力。如运用角色行动策略(生进师退)、教师"三关三导"(关注时间、关注问题、关心学困生,导时间、导问题、导学困生)、六种激活策略,用好"随堂记录评价卡",全程实抓"一激二评三落实"(多元激励,激发兴趣和积极性;多元评价,落实学习目标)、结构化研课、新校本教研、组本教研、团本教研、参加学科团队会议、行政团队会议,指导待优生等。

课后:培养学生多元拓展学习能力、回归评价学习能力、团队评价学习能力,学生做好回归复习法。

两条线是融合的、一体的,切忌分离,要达到两线融合,需要教师改变教学方式,提高专业素养,转变教育观念。

4.学本师讲重三度

学本课堂以学生为主体,教师搭台学生唱,教师讲课重视"四度"。

(1)时间效度。对于教师预设问题部分的原理性问题、拓展性问题、思想方法性问题,在1+3+1的讲解过程中,教师要把握好时间,预测好学生一旦说不清、有难度,教师立即进行释疑解惑,或点拨总结、或做深度拓展、或做一般概括,以节约时间,提高斜率。

(2)方法质度。教师预设部分的数学问题,旨在渗透数学方法、数学思想、数学"形"的几何直观意义、数学"数"的代数抽象意义,这些都是难点,学生往往看不到、说不清。学本课堂中教师重视从思想、方法、意义视角说开去,提高课堂质量。

(3)知识宽度。教师预设部分的数学问题,应引申潜藏的知识,做跨越,做一线穿珠,形成一串美丽的项链,教师在讲解时可做横向、纵向的知识串联,拓宽知识宽度。

(4)内容准度。教师预设部分的数学问题,教师讲解时要始终围绕这一课的关键点、核心点,学生的卡点,高考的考点、课程标准的要求点展开。

5.学本工具重在精

学本的灵魂之一在于学生先到(思想先到、行动先到,到不了的教师再导),工具单的开发关键在于工具单质量,是否符合学情、班情,尤其是所选例题要体现"少、精、典、示",过程要精心设计,提高效率,设计中不妨用"默课"方式检测设计是否达到精度和高效,工具单的制作内容要符合相应的课型对应的流程需要。例如,以理科《数学归纳法为例》,我设计了如下的问题导读单、问题解决课评价单、当堂训练单:

《数学归纳法》问题导读—评价单

设计人:杨培绍　审核人:高二数学备课组　序号:xx2-2-1

班级_____　组名_____　姓名_____

【学习目标】

1.了解数学归纳法的原理。

2.能用数学归纳法证明一些简单的数学命题。

【重点难点】

能用数学归纳法证明一些简单的数学命题。

【关键问题】

(1)弄清n取第一个值n_0时等式两端项的情况;

(2)弄清从n=k到n=k+1等式两端增加了哪些项,减少了哪些项;

(3)证明n=k+1时结论也成立,要设法将待证式与归纳假设建立联系,并朝n=k+1证明目标的表达式变形。

【学法提示】

课前按照"阅读六字诀"要求,采用"划线学习法""QA学习法""遮纸法"等方法认真进行结构化预习,课后练习和习题会的打"√",不会的写"?";课中采用自主学习,小组讨论,展示对话等方式进行学习;课后用3—7—15回归复习法进行回归性学习。

【预习评价】

问题1.数学归纳法的定义

一般地,证明一个与正整数n有关的命题,可按下列步骤进行:

(1)归纳奠基:证明当_____时命题成立;(2)归纳递推:假设_____时命题成立,证明当_____时命题也成立;(3)要求以下结论:根据(1)、(2),就可以断定命题对从n_0开始的所有正整数n都成立。

这种证明方法叫作数学归纳法。

问题2.数学归纳法的第一步n_0的初始值是否一定为1?

[提示] 不一定。如证明n边形的内角和为$(n-2) \cdot 180°$,第一个值$n_0=3$。

如果命题p(n)对所有正偶数n都成立,则用数学归纳法证明时,先验证n=_____成立。

问题3.用数学归纳法证明$(n+1) \cdot (n+2) \cdots (n+n) = 2^n \times 1 \times 3 \times \cdots \times (2n-1)$($n \in N^*$),"从k到k+1"左端增乘的代数式为_____。

令$f(n)=(n+1)(n+2)\cdots(n+n)$,则

f(k)=_____。

f(k+1)=_____。

所以=_____。

问题4.已知 $f(n)=1+\dfrac{1}{2}+\dfrac{1}{3}+\cdots+\dfrac{1}{n}(n\in N^*)$，用数学归纳法证明 $f(2^n)>\dfrac{n}{2}$ 时，$f(2^k)$ =_____。

$f(2^{k+1})$ =_____。

$f(2^{k+1})-f(2^k)$ =_____。

【我的问题】

【多元评价】

自我评价	同伴评价	学科长评价	小组长评价	学术助理评价

《数学归纳法》问题解决—评价单

设计人：杨培绍　审核人：高二数学备课组　序号：xx2-2-2

班级_____　组名_____　姓名_____

【学生生成问题】

【教师预设问题】

问题1.用数学归纳法证明 $1+a+a^2+\cdots+a^{n+1}=(a\neq 1,n\in N^*)$，在验证 $n=1$ 成立时，左边计算所得的项是(　　)。

A.1　　　　　　　　　　B.$1+a$

C.$1+a+a^2$　　　　　　D.$1+a+a^2+a^3$

问题2.用数学归纳法证明："奇数是2的倍数"（事实上这是一个假命题）

证明：(1)(没有)

(2)(归纳假设)假设第k个奇数M是2的倍数，

那么这个奇数的后一个即第k+1个奇数M+2也是2的倍数。

这个证明对吗？错在哪里？

问题3.已知 $S_n=\dfrac{1}{1\times 3}+\dfrac{1}{3\times 5}+\dfrac{1}{5\times 7}+\cdots+\dfrac{1}{(2n-1)(2n+1)}$，则 $S_1=$_____，$S_2=$_____，$S_3=$_____，$S_4=$_____，猜想 $S_n=$_____．并用数学归纳法证明 S_n 的表达式。

问题4.已知 $f(n)=1+\dfrac{1}{2}+\dfrac{1}{3}+\cdots+\dfrac{1}{n}(n\in N^*)$，用数学归纳法证明 $f(2^n)>\dfrac{n}{2}$。

【多元评价】

自我评价	同伴评价	学科长评价	小组长评价	学术助理评价

《数学归纳法》问题训练—评价单

设计人:杨培绍 审核人:高二数学备课组 序号:xx2-2-3

班级_____ 组名_____ 姓名_____

【问题训练】（每题10分,共50分）

问题1. 用数学归纳法证明 $1+2+3+\cdots+(2n+1)=(n+1)(2n+1)$ 时,从"n=k"到"n=k+1",左边需增添的代数式是(　　)。

　　A.$(2k+1)+(2k+2)$ 　　B.$(2k-1)+(2k+1)$

　　C.$(2k+2)+(2k+3)$ 　　D.$(2k+2)+(2k+4)$

问题2. 下面四个判断中,正确的是(　　)。

A.式子 $1+k+k^2+\cdots+k^n(n\in N^*)$ 中,当n=1时,式子的值为1

B.式子 $1+k+k^2+\cdots+k^{n-1}(n\in N^*)$ 中,当n=1时,式子的值为1+k

C.式子 $1+\dfrac{1}{2}+\dfrac{1}{3}+\cdots\dfrac{1}{2n+1}(n\in N^*)$ 中,当n=1时,式子的值为 $1+\dfrac{1}{2}+\dfrac{1}{3}$

D. 设 $f(n)=\dfrac{1}{n+1}+\dfrac{1}{n+2}+\cdots+\dfrac{1}{3n+1}(n\in N^*)$,则 $f(k+1)=f(k)\dfrac{1}{3k+2}+\dfrac{1}{3k+3}+\dfrac{1}{3k+4}$

问题3. 用数学归纳法证明: $1+2+3+\cdots+n=\dfrac{1}{2}n(n+1)$

问题4. 用数学归纳法证明: $1+2+2^2+\cdots+2^{n-1}=2^n-1$

【多元评价】

自我评价	同伴评价	学科长评价	小组长评价	学术助理评价

设计说明:整个设计围绕导读单的【学习目标】【重点难点】【关键问题】展开,预习评价部分Q1—Q3是为解决关键问题(1)弄清n取第一个值n0时等式两端项的情况;(2)弄清从n=k到n=k+1等式两端增加了哪些项,减少了哪些项而设计的。

问题解决单的Q1是n取初始值时值到底是多少,学生常常在这里出错。故假设Q1,Q2是缺少"归纳奠基",那么可以把一个错误的命题证明成一个正确的命题而设。旨在说明数学归纳法不能缺少归纳奠基这一步。Q3在n从k增加到k+1时,只增加一项,正常证明,但Q4在n从k增加到k+1时,不是增加一项,而是增加了2k项,警示学生证明的关键所在,也是这节课的难点所在。另外渗透放缩法是数学归纳法中常用的招法,此题其实是大学数学分析中求证广义调和级数的发散的特例,可见学习中学数学是为学大学数学奠基的。训练单的四个题目紧紧围绕学习目标设计,据深度研课实际课堂测试情况,10分钟通过率90%,说明设计合适科学有效。概括地说:工具单设计要"少、精、典、示",少——题目要少,节约时间,精——题要精准,达到目标,典——具有典型性,以一当十,示——具有示范性,成为范本。

6.学本课堂重三会

(1)会阅读

乘风破浪"读"为舟,关注学生的"数学阅读"。数学语言非常精炼,阅读时需要逐字逐句地阅读,关键词、句做出标注,提炼出来,有时需要反复阅读,咬文嚼字。把学术形态下的数学语言转化为可理解的学习形态下的数学语言,尤其是大量的数学符号,增加了抽象性,更需要学会阅读。

(2)会计算

关注学生如何计算。计算是一个复杂的系统工程,客观上需要学生长期积累,而事实是教师普遍重视数学思想方法,甚至抱怨学生计算能力差,但很少下功夫去纠正他们计算中的问题。学生忙于刷题,轻视计算。其实,学生的计算差,并不是哪里都差,而是在计算的某个环节差,才导致他们大面积丢分。日常教学中统计学生计算的小毛病,并督促改正,学生的计算正确率会大幅度提升。教师应教育学生一定要多动手算,并告诉学生计算能力全靠自己训练,这点很重要。

(3)会改错

提分的关键在改错,整理错题。教师指导学生就在试卷上改错,用红色笔+粘贴纸,省时高效,并要求学生把数学试卷单独装入一个袋子或用工具单文件夹夹好,考前翻阅错题卷,专看"红色笔+粘贴纸"的部分。

实施学本课堂　促进学校发展

2020级数学备课组　胡克凡

学本课堂教学在麒麟高中实施以来,我校积极响应,深入实践,轰轰烈烈地展开了课堂教学模式的改革。经过学本专家的多次指导和我校师生在课堂上的实践,逐渐形成了"学本课堂"的生本教育模式,极大地提高了学生的自主学习性,拉近了教师与学生之间的距离,将教师与学生的关系从教与学成功转换到了一起学习。在这个过程中,不管是教师还是学生都取得了很大的进步,教学成绩和学习成绩也得到了提升。

一、学习理论,深入实践

任何一种新的知识、理论都离不开学习,为了尽快地进入学本课堂模式,用学本教育的理念来武装头脑,我深入系统地学习了韩立福教授的学本课堂,并进入班级深入实践,由此明白了学本课堂的内涵。学本课堂是为学生会学和学会而设计的教育模式,它既是一种方式,更是一种理念。

二、教师和学生共同成长

课堂讨论环节让每位学生都有表达自己想法的机会,让学生在讨论过程中巩固知识。课堂展讲环节以开发学生的语言表达能力为目标,学生也在展讲过程中变得更勇于展现自己。一个知识点学下来,每个学生对这个知识点的理解体会是不同的,但是每个学生在补充时把自己的看法表现出来,同学们就会对这个知识点了解得更全面和深刻。

教师在以前的传统教学中,一直以来都是认真备课,再把知识传授给学生。但是在学本课堂模式下教师与学生一起学习,不仅是教师讲给学生听,而且是由学生讲给学生听,学生的相互补充和教师的适时点拨,在相互学习中得到共同进步。教师与学生在交流互动中也营造了良好的师生关系。

在学本课堂中,同学们从以往的被动学习改为主动学习,正如孔子说的"知之者不如乐知者,乐知者不如好知者",有了兴趣,同学们学习起来也不累,反而会事半功倍,教师在听、思中不断成长和发展,实现了教学相长。

三、合作学习模式促成功

学本课堂将班上的同学分为若干小组,促进了同学们之间的团结合作,分工协调,采用计分形式也提高了同学的竞争意识,不再只是"随波逐流",大家都成为有思想的个体或团队。在以往的教学中教师大多关注的不是优生就是学困生,但是在学本课堂中人人"平等",谁都可以拥有上台展讲的机会,并且在小组中遇到问题时大家可以一起讨论,这样就实现了学困生带动,成绩优异的人也在给他人讲解问题的过程中加深了自身对问题的理解,共同体验成功。

四、高效的工具单导学

教师精心研发的工具单让学生更好地抓住每节知识的中心内容。现在很多科目书本排版很复杂,同学们在自主预习时很难找到中心内容,但是在同学们预习完再去填工具单时,就会发现这章知识点还有哪些是自己没有发现和掌握的。工具单上的教师预设问题也让我们更清楚地了解对应知识点的典型问题。每节课前的展讲部分也是学本课堂的内容之一。

五、归纳提升促质量

知识学习之后是很容易遗忘的,但是展背会及时帮助同学再次复习学习的知识,反复地复习,久而久之就真的将这份知识转换为自己的东西。自学本课堂实施以来,同学们的学习态度得到较好转变,内向的同学也变得更愿意、更敢于来达自己了,同学们也有团队意识了。我相信,在我校学本课堂持续推进过程中,教学质量,学生品质"质量"也会有较大提升。

学本课堂教学的反思

2020级数学备课组　张云虎

近两年来，我校大力推进学本课堂的教学实践活动，我有幸多次参加学习，让我获益匪浅。作为一名教师，我觉得应该接受新的教学理念和方法，下面我谈谈我在学习和自己在进行学本课堂教学中的感受。

首先要相信学生，学生能完成的事情布置给学生完成。我觉得学生只要多听、多看、多做、多说、多练，是可以学好数学的；在课堂上调动学生的兴趣，让学生积极地参与课堂学习，体会学习的快乐。我觉得还是应该多表扬学生，多肯定学生，让学生多感受成功，培养学生从心里喜欢数学。我所听到的有的教师在课堂教学中一直体现学生的主体作用，所以在课堂提问上，问题不能缺少思维价值，否则小组学习为讨论而讨论，为探究而探究，形成"表面热闹"，小组讨论中必须注重实效，多关注学生学习的有效性，包括优秀的、中等的、学习困难的学生都要有收获；在课堂上，提出有难度的问题，学生要有足够的思考空间，让学生慢慢思考；抓住数学的根，有针对性地做题练题。要注意在课堂教学中随时捕捉学生的学习信息，指导学生调整、完善自己的学习过程与方法，在课堂上不断教学生总结过程方法，学会分析问题，培养学生的分类思想。这样，就逐渐实现了从注重教师的教向关注学生的学转移。

我在教学中也存在一些困惑，比如学习过程中学生做过的题还是容易出错，课堂中进行小组讨论交流时总觉得效果不够明显，小组在表述自己小组的成果时,我发现学生真的是要说出自己每一步怎么走的时候,他就寸步难行了,并且在小组的合作学习过程中,总有少数学生不能主动地参与学习中或者是影响其他同学的学习,造成课堂纪律有点混乱。针对这种情况,我安排学生再练同类题,不断反复,先口头讲一遍,再写一遍,对纪律涣散的学生进行教育,不过时间浪费过多,造成课堂教学内容难以完成,这也是一个比较矛盾的问题。如何有效地解决这些课堂中出现的矛盾,在我看来,我还需要进一步多向有经验的教师学习,争取早日解决这些困惑,提高教学效率。

人是有潜能的,一个人做自己感兴趣的事,潜能就会超常释放出来。我们必须想尽一切办法挖掘学生的潜能,让他们的潜能在课堂上得以释放。把学生的潜能充分发挥出来,学生就对学习有了兴趣,有了热情,日积月累,每天学生都发自内心地做他喜欢做的事情,学生喜欢数学,一定会把数学学好。

然后是普遍关注学生,这是创建学本课堂的关键因素。我曾经在报上看过这样的一篇报道:外国某教育研究机构曾就教师的视野与学生成绩的关系做过探究,结果表明,在教师扇形视野区里的学生成绩往往优于这个区域之外的同学,这说明什么呢?一句话——关注很重要。那么,如何做到普遍关注学生,创建高效课堂?我认为可以通过以下途径:

第一是用微笑、目光的交流来显示你的关注,这是实现普遍关注的前提。让所有的学生都能从你的微笑和目光中看到一种关注,产生一种心电感应。要让所有的学生都从教师关注的微笑和目光中,感受到一种温暖,获得一种支持。学生都有追求成功、展示自己的愿望,学生取得哪怕是一丁点儿的进步,都希望得到教师的肯定和赞赏。这时,微笑是最好的语言,也是对学生最好的奖赏。

第二是用欣赏、夸奖的手段来体现你的关注。对学生的欣赏、夸奖、鼓励往往表达一种积极的心理暗示——老师器重我。学本课堂教学模式致力于培养、提高学生独立自主地获取知识、信息的能力,能发现问题,能应用知识或信息创造性地发现解决问题的办法,使学生的身心得到和谐的发展。其核心是理念是"为了每一位学生的发展",它关注每一位学生,关注学生的情绪生活和情绪体验,帮助学生树立学习的自信心。它强调课堂的自主实践,学生这个发展的主体将得到放大,它要求教师作为一个指导性的角色,引导学生展开自主学习,培养学生的学习积极性，以及发现问题和独立解决问题的能力。在高中数学课堂上开展学本式教学，更有利于培养学生的自主学习能力、激发学生的数学兴趣，让学生通过亲身学习获得自己对于数学的理解，从而达到教师高效教学、学生高效学习的效果。

以上是我对学本课堂的粗略的认识，以后我将在教学中慢慢地摸索。

把课堂还给学生

2020级数学备课组　章华燕

现在我们的教学引进了"学本课堂",即在课堂教学中以学生作为学习的主体,高度关注学生的学习状态,重点培养学生的学习品质,着力指导学生自主学习,并以此为根本展开教学活动。"学本课堂"的主体是学生,核心是学习,标准是会学。放手让学生自主探究,同时更要通过实验培养学生的"求真"精神。

以学生学习为本的学本课堂,无疑是同学们喜欢的,面对所学的知识,面对小组合作学习,同学们纷纷表示出"我喜欢",教师角色的转变,让教师从主讲身份,转变为倾听者,变为学生小组学习的合作指导伙伴。教师真正走下了讲台,来到了学生中间,课堂学习气氛轻松自在。

学本课堂,是指以学习者学习为本的课堂。在学本课堂中,没有纯粹的教师,教师身份将发生本质性变化,教师是大同学。教师和学生协同合作,共同围绕着核心问题开展自主性的探究学习,在单位时间内解决问题,实现学习目标,促进教师和学生共同成长。教师在课堂上给学生创设机会,让大家自主设计、表达、修改、完善。创造性地教,充分发挥了探究主体的创造性和想象力,使得这一环节成为亮点。真正努力地实现"以学为本,以学定教;以教导学,以学促学;还教于学,共同成长"的课堂变革目标。

把学习的主动权还给学生,让学生成为课堂的主角,把培养学生学习兴趣、学习习惯和学习能力作为学本课堂教学的关注点,在一节数学课中,学生才是占主体地位的,学本课堂应把学习主动权交给学生,对于教师来说,要想让学生主动学习,必须营造一个轻松、和谐、民主、平等的课堂氛围,只有这样,我们的学生才敢讲想讲也能讲,在这种氛围里,我们的学生才能逐步走近数学走进数学,成为研究数学的"行家里手"。课堂上强化学生的质疑,加强对学习方法的指导,及时给予评价,并适时给予学生鼓励,让学生勇于提出问题,并且提出有价值的疑问,真正把学习主动权交给学生,真正让课堂属于学生。

学本课堂,顾名思义就是把学习的主动权还给学生,让学生成为课堂的主角,把培养学生学习兴趣、学习习惯和学习能力作为课堂教学的关注点,努力实现"以学为本,以学定教;以教导学,以学促学;还教于学,共同成长"的课堂变革目标。

在师生关系方面,有别于教本课堂,师生关系不是上对下的长幼关系、授受关系,而是真正意义上的民主、平等、人文和谐的发展关系。师生为了共同的目标而相互合作,相互帮助,追求的是一种真学习。在教学关系方面,师生之间不是那种传授和告知关系,而是合作学习,共同建构知识发展能力的关系。师生共同创建小组合作团队学习机制,创建人文、自由、开放、多元、灿烂的学习氛围,让学生实现真实、自由、自主的阳光学习。通过学本课堂学习,最终目的是让每位学习者的生命得到精彩绽放。

在日常教学中落实"改变一点点,一点点地改变"的思想。如,改变备课方式、编写校本化作业本、开展有效辅导与训练活动等。教师要积极转变教学地位和角色。要从"主演"变为"导演",从"教学生"转向"教学生学",从知识的传授者转向学生学习的组织者、引导者。提高研究学生、课程标准、教材、教学方法和学习方法的能力。从关注教学生到关注教学生学,要求课堂以学生为中心,教学逐步走向民主,注重为学生创设一种自主学习、自主体验、和谐的环境。

"疑"是激发学生学习兴趣,使学生产生学习愿望的动力源泉。设疑、质疑、解疑,是让学生实现发展、达成目标的主渠道,是课堂教学的主轴。在"学案导学"中,我们将学习目标转换为一个个具体生动的问题,适时地把学生置于"问题"的环境中,激发学生对问题的兴趣,生成悬念,以产生解决问题的愿望,让学生在整个学习过程中,都能围绕问题自主学习、合作探究。在学生争论问题时,对学生意见的正误,教师不要急于表态,而应以高度的耐心和热情,随时捕捉学生创新的思维火花,并使其"燃烧"起来。对讨论中的不同意见要给予保护,尤其是那些具有建设性、独出心裁与众不同的意见,要及时地给予评价和激励,要让"疑"贯穿于课堂教学的始终,让"疑"成为"学案导学"的主轴。

总之,与以往的课堂相比,要强化学生的质疑,加强对学习方法的指导,及时给予评价,对学生的疑问进行删选,并适时给予学生鼓励,让学生勇于提出问题,并且提出有价值的疑问,真正让课堂属于学生。

助力青春梦想　铸就麒高辉煌
——"学本课堂"心得体会

2020级数学备课组　单梅粉

2019年，我校首次引入韩立福教授的"学本课堂"教学模式，四年来，全校教师认真贯彻落实"学本课堂"，麒麟高级中学的教学也在该模式下卓有成效。

在专家到校亲授"学本课堂"教学模式之前，我们麒高教师对于"学本"这个概念完全不熟悉，没有人了解"学本课堂"的操作模式，更不必说"学本课堂"给教学带来的好处。任教数年以来，我和同事们都是按照老一套的教学模式，我们在讲台上讲，学生在讲台下听，教学效率低下，学生受益少。在"学本课堂"专家的介绍下，我了解到，"学本课堂"就是以学生为"本"的课堂，课堂的主体是学生，在"学本课堂"中，所有人都是学习者，我们和学生共同讨论学习新内容。在几年的亲身实践当中，"学本课堂"让我和我的学生受益匪浅。

由此，结合本人教学经历，得出以下思考：

一、培养合格的学术助理

在2020年秋季，我担任了麒麟高级中学2023届2006、2016班的数学任课教师，学生是刚进入高中的新生，他们从没接触过"学本课堂"，如何贯彻落实"学本课堂"的重任，自然就落到了我们这些任课老师的肩膀上。要想将"学本课堂"有序开展下去，学术助理是必不可少的关卡。"学术助理"，也就是传统教学模式中的"课代表",与"课代表"不同的是,"学术助理"还需担任课堂主持人的角色。我在六班和十六班分别挑选出了合适的人选,作为我的数学学科学术助理,首先要做的就是如何将他们培养成称职的学术助理。一遍又一遍地讲解,亲自示范,耐心指导,学术助理们从上学期的害羞,无法坦然大方地在讲台上主持慢慢成长为现在的轻车熟路的"学本课堂"老手。看着他们在讲台上操作行云流水,声音洪亮,侃侃而谈的样子,我感到无比欣慰。学术助理在"学本课堂"教学模式中有着举足轻重的地位,一个班的"学班课堂"模式是否成功,与是否有合格称职的学术助理颇有渊源。

二、要做到小组讨论"真讨论"

在小组合作学习讨论环节中,没有学科长较好的主持和引导,小组展讲环节就无法达到预期效果。学科长该如何组织讨论,该用什么样的语言来引导讨论尤其是重点,这就需要教师在备课过程中能够准确地"预设问题",没有教师的引导和预设,学生无法真正地"生成",也不会发现该发现的问题,无法引起小组讨论。学科长的职责有两点,一是组织有序交流,二是要会通过教师预设问题进行正确引导。为了能够在小组讨论和展讲环节中进行有效率的学习,我总结出了一定的学习经验:要让所有人都加入学习讨论中来,展讲环节由学科长带领,做到每个同学都有话说。

三、让课堂更轻松

"学本课堂"的主体是学生,教师只是起指导规范的作用,学会灵活运用"学本",让同学们更加热爱学习,杜绝厌学、怕学心理。让学生成为课堂的主人,在学习过程中畅所欲言,养成自己的思维方式,培养自学能力,开发他们的潜力。

不管怎么说,"学本课堂"之路任重道远,要想把"学本课堂"掌握得炉火纯青,我还要走很长一段距离。每个学生都怀揣着一颗炽热的心,心里面盛着他们的青春梦想,我们教师的初心和职责就是呵护每一株正在茁壮成长的小苗,助力学生追逐梦想,让麒高的教育事业更上一层楼!"学本课堂"一路伴我们前行,2023,我们必创辉煌!

体会学本课堂的实践意义

2018级英语备课组　杨守宏

自从我们学校引入学本课堂以来,两年时间,大家都对学本课堂有了更深的认识,传统教学不利于学生的全面发展,不利于学生的长期有效学习。在深入实践了两年的时间后,我对这种课堂模式有了以下认识。

一、学本课堂,是指以学习者学习为本的课堂。这里的学习者不是单纯地指学生,而是指教师、学生和直接参与者。也就是说,在学本课堂中,没有纯粹的教师,教师身份将发生本质性变化,教师是大同学。具体而言,学本课堂就是教师和学生协同合作,共同围绕着核心问题开展自主性的探究学习,在单位时间内解决问题,实现学习目标,促进教师和学生共同成长的学习活动。在师生关系方面,有别于教本课堂,师生关系不是上对下的长幼关系、授受关系,而是真正意义上的民主、平等、人文和谐的发展关系。师生为了共同的目标而相互合作,相互帮助,追求的是一种真学习。在教学关系方面,师生之间不是那种传授和告知关系,而是合作学习,共同建构知识发展能力的关系。师生共同创建小组合作团队学习机制,创建人文、自由、开放、多元、灿烂的学习氛围,让学生实现真实、自由、自主的阳光学习。通过学本课堂学习,我认识到教学最终目的是让每位学习者的生命得到精彩绽放。

二、教学不是主要依靠教师的教,而是依靠学生的学。我们经常会发现在教学上我们太自作多情了,很多时候我们一厢情愿地承担了许多工作,渴望学生按照我们设计的方向去发展,但发现自己失败了学生不领情,因为教育不可能像修剪树苗对学生进行外在的改造,我们对学生所施加的影响教育都要通过学生进行自我认知、自我建构、自我发展、自我完善来达到,教育过程的主力和主人是学生而不是教师,我们只不过是学生自主发展的服务者。学习是生命成长的过程,它是人自身的一种需要,而不是外在压力的结果。教育的一切行为都应该是为了满足学生的这种需要,从而使他们内在的生命力,使他们的潜能得到充分的发挥。课堂上应该在给予学生充分的前置性学习的经验基础上放手让学生去讨论,思辨,能学会的自己学会,不能学会的创造机会让他学会,真正实现教育是为了帮助学生,而不是限制学生。教师不应该做"拉动学生的纤夫",而应该做"生命的牧者"。

三、学生是天生的学习者,而不是一张白纸让我们涂抹最美的画。这告诉我们,一方面学生对学习充满了好奇欲望和创造欲,另一方面在他们生活的经历中积累了学习的资源和学习的能力,而不是一张白纸。人的起点非零,在基础教育阶段,所有的知识都可以在生活中找到,而不仅仅是教材中。在教学中教师应该充分利用学生的学习能力,把脱离了生活、脱离了学生实际感受的知识符号学习和学生的生活结合,让学生自己去做、去发现、去研究,去感悟。教育应该在此基础上进行,充分尊重和依循生命的本质,教育才可能是"人的教育"。人的生命潜能才能得到充分的发挥,人的天性才能得到自由的发展。

四、学本课堂带来的是教师和学生的共同发展和成长。教学中封闭的资源和方式必将产生学习结果的单一和学生思维的僵化,于是学习变成没有个性的重复和验证、记忆,学生的思维和创造力都被禁锢,没有创造性的工作让教师在重复、单调中,滋生了麻木和倦怠,最后形成恶性循环,教师厌教学生厌学。

在今后的教学中,我要继续学习学本教育理念,将学本教育深入开展下去,真正把学习的自主权还给学生,引导他们自己去探索,去发现,在反复验证的过程中学习知识,快乐成长,使他们真正地成为学习的主人,也让自己的课堂更加有魅力。

学本课堂之小组合作英语学习探究

2018级英语备课组　朱粉英

我校自从实施学本课堂以来,以培养学生的学习能力为目的。为了培养学生的合作学习能力,所倡导的主要学习方法,就是小组合作探究学习。它是指学生在小组或团队中为了完成共同的任务、有明确责任分工的互助性学习,对提高学生团结协作精神、合作意识有很大的作用。它不仅是认知的需要,而且有着更广泛、更深刻的意义。以小组为单位,培养学生合作团结的精神,形成互帮互助、共同进步,实现学生互补,兵教兵,从而养成良好的自主学习习惯,让学生在自主、探究、合作中会学、乐学,为学生一生奠基。学本课堂让学生分享学习的过程,培养学生的交往能力,与人合作的意识、态度及团队精神,对待科学的求真态度及探索精神。进而培养学生科学的问题意识,增强学生的综合整体认识能力,以及人文精神和科学态度,从中发现问题,提出问题,抓住问题本质,判断问题的价值。

"独学而无友,则孤陋而寡闻。"要特别强调学生学会自主学习,划分好学习小组后,由学科长带领大家主动学习,积极倡导学习是一个"其智交相明,其才交相成"的取长补短、共同受益的过程。小组间要积极开展学习上的竞赛或对抗赛,充分调动学生勇于竞争的勇气与干劲。教师对取胜的小组可以给些物质或精神奖励。

英语学科采用学本课堂教学模式中的"三角色五步法",比如高三的"能力提升训练课"的操作流程和导学艺术。

第一流程:创设情境,呈现目标。

在这个流程中,学生主持、教师创设或师生创设情境,以适当方式引导学生进入本主题或单元的能力提升环节学习,达到激发兴趣的目的;同时,呈现本主题或单元的能力提升复习目标(如果是高三可以详细呈现高考考点)。

第二流程:拓展训练,能力迁移(时间为10—12分钟)。

在这个流程中,学生主持组织各小组开展第一次"拓展训练"学习。组织各个组迅速围绕《拓展训练—评价单》进行"评价型"小组讨论,然后,让各组派代表进行结构化展讲,让学生在展示对话学习活动中,提高学生的发展性拓展能力,使运用知识技能的拓展能力得到有效迁移。

第三流程:问题生成,合作解决(时间8—10分钟)。

在这个流程中,学生主持,教师或学术助理组织学生小组进行"生成型"结构化讨论(采用"12345+2"策略),对重点问题进行生成提炼,并呈现在黑板或组板上。继而,二次组织小组进行"解决型"结构化讨论。需要展写,在此过程中进行。如果当学生课前回归复习中已经生成重点问题,这个环节也可以简化,本流程一开始就直接进行"解决型"小组合作讨论。然后,各组学科长派代表自由自主、有序有效的对重点问题进行展讲对话学习,各组在展讲时要按展示"展—思—论—评—演—记"六字诀和"1+3+1"展讲模式进行。

第四流程:提高训练,能力提升(时间10—15分钟)。

在这个流程中,学生主持组织"提高训练"。有两种方式进行:一是组织学生各组对《能力提升—评价单》进行当堂训练,学生迅速完成后,组织"评价型"讨论和结构化的组间展评;二是采用高级思维训练学习策略进行高级思维训练,组织学生各组开展"改仿编"训练。

第五流程:总结归纳,提升意义(时间2—5分钟)。

在这个流程中,学生主持组织"总结归纳",主要是让学生以个体或小组为单位归纳知识收获,总结学习方法,提升学习意义。采用先讨论后展示的方式,让学生代表畅谈生活意义和情感意义。教师要求学生采用结构化语言表述出来,如本课学习收获一是什么,二是什么,三是什么。教师对本单元学习应注意的方面提出建议,以便学生改进。

其中第三个流程,问题生成,合作解决,就是培养学生的合作学习能力。在这一课型活动中,教师的作用在于提供把学生置于问题情境中的机会,在于营造一个激励探索和理解的气氛,在于为学生提供有启发性的讨论模式。教师要鼓励学生表达,并在加深理解的基础上,对不同答案开展讨论,要引导学生分享彼此的思想和成果,并重新审视自己的想法,教师要抓住学生的想法,不断启发学生关注问题的重要方面,及时提高那些出现在学生学习中新鲜的有意义的交流案例。

组员学习任务有哪些?

根据教师开发的工具单,完成个人学习与小组交流;完成课前工具单练习;课堂上主动参与学习活动;课后完成复习巩固总结的任务(重点放在对每节课堂难点的理解和掌握上);课后完成各种作业;课后完成拓展学习等。

教师引领学生课堂学习流程的形式是什么?

课前明确教学预习目标和问题探究(课堂预习案),这里就要求每一备课组在设计导学案时一定要把预习部分尽心设计好,这也是新课程课堂成功的一个关键性因素之一;课前学生自主探究合作学习交流情况的反馈收集汇总分析;课中师生活动释疑解难,组织学生展示或提问展示,注重知识技能、过程方法、情感态度价值观的教学目标的落实和拓展提升;课后作业的布置、批改、反馈和教辅学案练习的检查等。

在课堂上教师应当积极创设情境,巧妙设计问题,引发学生心理上的认识冲突,使学生处于一种"心求通而未得,口欲言而弗能"的状态,要让学生充分思考,给其充分表达自己思维的机会。

课前预习必须得到认真贯彻,它对学本课堂的成功实施有重大影响,预习工作做得好,原来传统形式的大量课后消化复习和练习跟进就节省了很多时间,提高了课后巩固与练习完成的效率,等于腾出了一定时间放在了课前。实际上这种分组合作学习不仅不会增加学生的学习时间,而且会更大地提高学生的学习效率,使我们的课堂更有效。这也等于学生学习过程时间的重新分配或前移。

班级学生小组内如何活动？

在自主学习完成后,学生积极交流预习成果,相互间帮助解决疑难问题,归纳汇总问题,分配课堂展示任务。人人均有在课堂展示才华的任务,这里要想使学生更积极主动,任课教师就必须想方设法鼓励学生,这也是一种学习方式的改进或变革,它能使学生提高学习效率。当然为了提高学生的积极性,任课教师或班主任可适当想办法增加小组间的积极评价,鼓励激发调动学生参与的积极性);课中积极参与课堂学习,展示预习成果或学习疑问;课后认真完成复习任务和各项教师的作业等。

学本课堂的小组合作学习,培养学生合作团结的精神和培养学生的交往能力,与人合作的意识、态度及团队精神;这样培养出来的学生,以后考入大学,踏入社会,与人合作的能力肯定非常强。我们的社会就需要这样的人,这样的人才能融入社会。我们实施学本课堂主要是为了培养学生的学习能力与合作能力,这也是教育成功的关键所在。

高中英语阅读课结构化预习行动研究初探

2018级英语备课组　孔雯姬

结构化预习能力是指按一定的知识结构,目标结构,能力结构,问题结构,进行前置性自主学习的综合能力,其意义在于让学生具备终身学习能力,最终目标为:一、由简单化预习,走向结构化预习;二、由感知预习,走向理解化预习;三、由个性化预习,走向团队化预习;四、由被动化预习走向主动化预习;五、由低期望预习走向高成就预习。其指导策略主要是读,导,评。读要保证阅读的质量,启用阅读评价,使用阅读六字诀,引导学生完成问题导读评价单,评实施小组5级评价。

在教学实践过程中,按照先学后导—问题评价(FFS)有效教学模式,以问题为主线,以评价为主要手段的问题教学模式,结合实际学情,以高中《英语》选修6,第2单元为例,细化结构化预习方法;

通过结构化预习法、小组讨论学习法及展示对话法让同学们熟练运用本单元的词汇及语言现象,了解一些英文诗歌的形式,对英文诗歌有一定的赏析能力。

通过本课学习,让同学们对英文诗歌形式及特点有初步认知,对中西方文化差异有一定了解,并形成对诗歌的初步赏析能力,提升英语学习兴趣。

重点:掌握本课重点单词、词组和句式。

难点:理解及赏析英文诗歌,掌握虚拟语气用法。

按照英语结构化预习法认真预习课文注释,画出学习目标中所给的单词、词组和句型并将内容整理在课文的空白处,理解文章大意。

具体实施运用策略如下:

个体操作层面。

一、读:保证阅读遍数(15遍)

课前:借助字典、电脑、高中英语助手、单元单词录音、《有道词典》等工具读单词5遍,文本5遍。

课中:争取读到5遍,注意语音语调。

课后:回归复习阅读5遍,思着问题读,有意识地记忆背诵所勾画的单词,词组、短语及句子。

使用阅读六字诀:

(一)画及查

1.听录音,跟读单词同时看单词表,有意识地记忆。(3遍)

2.看单词表,出声读单词,用遮纸法遮住单词表的中文,找出自己不知道中文意思的、不会读的单词,并分别在这些单词下方画横线。(1遍)

3.默读课文。运用快速阅读策略,一气呵成,整篇理解文章。以获取文本信息为目的,力求读懂文章大意。并完成相对应的语篇训练导读问题。(1遍)

4.默读课文并画出自己不能理解的生词,语块及句子。利用电子词典和纸质词典等工具查出单词表以外不认识单词的中文意思及不会读的单词,并分别在这些词的下方画线。用黄色笔在课文中勾画横线,并在单词下方标出该词的词性,写出词意。充分利用电子词典,遇上不会读的单词,点击小喇叭跟读或者请教同学。(3遍)

5.默读课文,参照问题导读评价单上的"学习目标",在文中画出重点短语和句型。用蓝色笔横线勾画短语,用铅笔波浪线画句子。(2遍)

(二)写:结合英语学科阅读课文特点引导学生列出下列5个问题(2遍)

问题1:文本中的生词短语有哪些?

问题2:文本中的语法知识是什么?用中文简单描述。

问题3：文本的句型有哪些？

问题4：双翻重点内容。

问题5：各段主旨大意是什么，课文主旨大意或话题是什么？

(三)记：背诵画出来的重点内容，争取背下全文(2遍)

(四)练：在预习的基础上，对阅读课后的练习、词汇练习题及《优佳学案》练习题进行尝试性完成，简单、容易的优先完成，不会的问题用红笔标记(2遍)

(五)思：预习后，将不会的问题写在文本末尾(2遍)

学科长、组长监督方式：

1.组员完成课前预习后，组长在文本签字。

2.学科长负责指导学习中的困难问题。

二、导学：

完成问题导读评价单。

文本预习结束后，完成问题导读评价单。原则：先看后做，合书而做，先易后难，独立完成。

三、评价：

五级评价(学科长组织)

自我评价。学科长宣布："同学们，现在开始自我评价。"各位成员在单位时间内进行自我评价。

同伴评价。学科长宣布："同学们现在开始同伴评价，面对面互换。"每对成员在单位时间内进行合作评价。

学科长评价。学长宣布："同学们有什么困惑没有？我来帮助大家。"每位成员的困惑得到解决，如果学科长也不会，请会的成员帮助大家解决。

小组长评价。小组长宣布："大家是否全部完成了？"检查所有成员完成情况。

学术助理评价：学术助理自行安排时间巡回检查各组的预习效果。

问题生成——各小组学科长利用小组问题生成单，组织生成小组共性问题，学术助理负责收集整合生成全班问题。

通过一学期的训练,统计目标达成情况如下:

一、由简单化预习,走向结构化预习的学生比例达99%;二、由感知预习,走向理解化预习的学生比例达95%;三、由个性化预习,走向团队化预习的学生比例达99%;四、由被动化预习走向主动化预习的学生比例达96%;五、由低期望预期走向高成就预期的学生比例达92%。绝大多数学生已经养成自主进行结构化预习的习惯,初步掌握了结构化预习策略和方法,但是重难点的把握,深度学习还有所欠缺,尚未形成评价习惯,还有待今后继续巩固已获得习惯,进一步引导学习方法和策略,学生学会认识自我、认识他人,更好地进行自我评价和相互评价,更好地进行小组合作,团队学习,实现共同成长目标。这种"先学后导—问题评价"教学法,渐渐培养起学生的自主、合作、探究学习的能力,帮助学生养成良好的思考问题的习惯与品质,同时也能提高学生解决问题的创新能力。

二、这一模式是适应灵活性、个性化的因材施教、因需施教的教学模式,是符合新课程教学理念的教学模式,是新课程教学改革所期望的教学模式。该模式给我们提供的仅仅是一个教学思路,并未要求我们严格遵循和执行,主要是在充分理解的基础上,结合自己的教学个性和风格,根据学生的学习需要,创造出适合自己特色的教学模式。因此在有效课堂教学中,我们教师要遵循学生认知特征、情感的变化,以自己独特的、富有个性化的教学机制,随时调整教学环节,激活学生思维。一个个问题在师生互动和交往中得到解决,使课堂充满主动学习的气氛。新课程理念下的有效课堂教学模式是灵活多样的,简单地用一种模式或几个步骤已经不能适应新的教学理念。在这里,我们倡导的是"先学后导—问题评价"教学模式,主要目的是为教师提供一种符合新课程理念的有效教学思维,使新课程教师在理解掌握的基础上,创新和探索出更多、更新的教学模式,提高教育教学质量。

浅谈实施学本课堂对教师专业化发展的意义

2018级英语备课组　李秀萍

课堂教学是教育教学的主阵地,为了实现"服务于学生的终身发展"这一价值追求,我们学校确立了"学本课堂"教学模式,致力于为学生奠定终身学习的知识基础、学习能力、学习品质。

通过两年学本课堂的教学,学生在课堂上的表现比较积极、活跃,自信程度大大提高。每个同学都有任务可做,每个同学都参与课堂中来,学生有了学习的目标、原动力。学本课堂的开展不仅让学生学到了知识,培养了学生的学科素养,还培养了学生的学习力,如结构化预习能力、展示对话能力等,真正实现了立德树人的教育教学目标。当然,在学本课堂的机制下,教师也在逐渐成长。学本课堂对教师专业发展有以下几点意义:

一、学本课堂促进教师专业知识与技能技巧的丰富与娴熟

在学本课堂的具体操作过程中,学生进行自主回归、团队复习,遇到不懂的问题、习题,先进行组内讨论,然后各组生成问题,教师针对全班重点问题给予展讲解决。这就要求教师自身的知识水平必须高于教材、高于学生。教师是学生学习过程的引路人,只有教师的专业知识与技能精深且娴熟,教师才能更加有效地参与和指导学生的知识掌握、问题解决过程,激发学生潜能,培养学生的创新意识与能力。教师要有扎实的知识功底、过硬的教学能力;通过不断学习,积极

修炼,不断提升教师专业知识与教学技能,持续学习,及时补充新知识。另外,在实施学本课堂过程中,专家对教师开展不同课型培训,组内教师进行听课和学习;高一高二教师还上了"过关课"。通过开展各种培训和过关课,解决了教师在教学层面上存在的问题,更好地提升了教师的教学水平。

学本课堂的实施,要求教师开好"三会",利用"三会"真正了解学生的需要和学习中存在的问题,为学生的个性化、定制化和自主学习提供了支持,这也是教师开展教学工作最重要的前提。学本课堂实施过程中教师开发的各类工具单、表格对学生学习的难点、学生的思想认识、个人经历、生活背景、价值观念、情绪情感等复杂问题进行调查、统计和分析,有效地帮助教师借助数据系统掌握每个学生的背景,从而基于每个学生的个体差异,为学生研究制定匹配的个性化、定制化的学习计划、进度安排与评价方式,促进教师成为专业型教师。

二、学本课堂促进教师专业信念与理想的坚持与追求

学本课堂的实施,要求教师成为研究者。这既是对教师通过反思、研究不断改善教学的内在要求,也是教师自主专业发展的重要路径。通过教学反思,教师能够更新自己的教学理念,提高教学效果。从马斯洛的需要层次理论来看,教师的专业信念需要属于自我实现的范畴。在满足了生存保障的心理需求下,教师会有尊重的需要、求知的需要、美的需要和自我实现的需要。在学本课堂的教学过程中,教师采取积极的教学态度,唤醒、赏识学生,提高学生的学习能力,培养他们的自尊心和自信心,使学生由被动的接受者转变成积极主动的学习参与者,教师也在教学过程中获得了幸福感和满足感,渐渐促进了教师教育信念的形成。教师专业信念是教师坚守的力量。教师专业信念的完善和升华,是教师对内在价值追求和外在行为追求的统一。在实施课堂改革的过程中,教师承担了更多的工作,还面临高考成绩压力。正是教师的专业理想与信念让教师坚定地在教学岗位上辛勤工作。

三、学本课堂促进教师专业情感与态度的端正与坚守

传统教学的知识获得,忽视了教师的教学情感体验。在传统教育观念下,教师往往被赋予"教书匠"或"知识传递者"的角色。教师被看作是盛装知识的容

器,强调齐一化、标准化知识的获得,忽视了知识或概念背后所蕴藏的内在价值。将知识作为一种外在物占有,这导致教师专业发展沦为被动的知识灌输式和填鸭式的学习,忽视了教师的情感及价值体验。而学本课堂的实施,让学生真诚接受教师的教育引导。师生之间形成了相互尊重、理解和关怀的基础,教师充分了解学生的需要,用理解、引导的态度对待学生成长中遇到的问题,帮助学生自我教育、自我完善,成为学生的好朋友和贴心人。教师在成就学生发展的同时也成就、发展了自己。学本课堂的实施帮助教师保持乐观的态度,引导教师树立正确的工作观念,营造了尊师重教的校园文化,在潜移默化中给学生以人生启迪和精神力量。

没有教师的发展,难有学生的发展。时代的进步和发展使得人们对教师的专业素质提出了更高的要求。因此,在当今时代,教师只有不断学习,才能适应教育改革发展。

学本课堂之好老师

2018级英语备课组　冯瑶

自从实施学本课堂改革以来,我们倡导把课堂还给学生,那我们教师该如何引导学生呢?我们该怎样做一个学本课堂下的好老师呢?我就在心中自问:"什么样的教师称得上好教师?"教师必须教人道理,解人疑惑。教师不应该专门教书,他的责任是教人如何做人。教师不光要授人以知识,还必须教人以做人。

教师的工作是培养人的工作,学生受教育的过程也是一种人格完善的过程。教师要通过言传身教、榜样的力量去感染学生、引领学生,帮他们塑造良好的人生观、价值观和学习观。在我的这个岗位上,我也有自己的理想!我的理想很小,但很真实。我希望能通过自己的努力,成为孩子眼中的充满爱的好老师、成为家长眼中认真负责的好老师,成为对自己来说无愧于心的好老师。我希望自己能认真完成学校布置给我的任务,顺利通过各种考核,成为一个不断完善自己的好老师;我希望自己能在专业的某一领域有所提升,有所成就,帮助每一个同学考上理想的大学,实现人生理想;我希望能在工作之余,有自己的支配时间,用心生活,不负独一无二的每一天。

那么如何成为学本课堂下的好老师?

小小目标就能成就大大理想,为孩子们立言立行,这才是我理想的出发点,也是一种责任。

一、拥有高尚道德情操

教师成就学生的同时,也成就了自己。一个有高尚道德情操的好教师,不仅能潜移默化地对学生产生正向的影响,在此过程中也能不断优化自身。当然,一个拥有高尚道德情操的好教师,首先是把敬业爱生作为教育工作的根本准则,去除浮躁之气、远离功利之风,执着于教书育人,把心放在学生身上。同时,在自我修养的不断提升中实现道德追求。做一个高尚、纯粹、脱离了低级趣味的人,应该是每个教师的不懈追求。愿我能成为一个心有旋律、腹有诗词的美好教师。

二、不断丰富专业知识

丰富的专业知识是一个教师站稳讲台最重要的武器,毕业十年多,光靠大学时候的理论知识是远远不够的,我需要不断学习更多的专业知识,向前辈们汲取更多有用的班级管理经验,才能在工作中游刃有余。

三、具有仁爱之心

教育更是一门"仁而爱人"的事业,爱是教育的灵魂,没有爱就没有教育。我们作为老师必须有一颗爱孩子的心。爱不需要多么伟大,有时是一次赞赏的微笑,一声关切的问候,一个温暖的拥抱。所以,千万不要吝啬对孩子们的爱。表现爱的方式多种多样,经意和不经意间都能给孩子,但这对孩子们来说却是一个多么大的安抚和鼓励。

四、我心目中的好教师

好教师是有高尚的教育理想和教育情怀的。既教书又育人,把教书育人作为自己的事业来干,把教书育人,为社会输送合格人才等任务内化为自己内心的信念。

做一个知识广博,为人正派,善良爱生的好教师。始终严格要求自己,做到以身作则,以自己的人格魅力促进学生的成长。授人以鱼不如授人以渔,加强对教育理论和教育方法、学习方法的研究,走进学生的内心世界,发掘学生身上的闪光点,激发学生的内在动力,促使学生昂扬向上。

我的追求就是在未来几年内，努力争做名副其实的好教师，即有理想信念、有道德情操、有仁爱之心、有扎实学识。在今后的教育教学中，我一定树立更高远的理想，坚定社会主义信念，努力提升自我的道德修养、学科知识和教育学知识。孟子说"人生有三乐"，其中之一就是"得天下英才而教育之"。我既然选择了这一职业，并以此为人生大乐，我就会像一枝竹篙，向青草更深处去漫溯，我要为学校培养更多更好的人才！

高中英语学本课堂初探与反思

2018级英语备课组　方倩

在麒麟高中实行的课堂改革中,教师积极响应学校的号召,转变教学理念,引导学生共同开展学本课堂。在学本课堂的教学实践中,收获颇丰。

英语教学在不同的时段有着不同的教育模式,从前全盘填鸭式的英语教学方法随着时代的发展而渐渐被淘汰,注重学生的长期发展,建立以生为本的课堂成为现代教师们关注的重点。建立高中英语的"学本课堂",以及通过现代化的教学模式,突出学生在课堂教学中的主体地位,能够提高学生的学习兴趣,逐步提高学生自身的能力,以适应现代社会的发展环境。

一、贯彻落实以学习者学习为本的课堂

"学本课堂"是一种教学形态,是一种"以学生为本体,以学习为本位"的教育理念。在学本课堂里,学生参与课堂教学的积极性,参与的深度与广度,直接影响着课堂教学的效果。

(一)转变教学观念,促进学生自主学习

这里的学习者不是单纯地指学生,而是指教师、学生和直接参与者。也就是说,在学本课堂中,没有纯粹的教师,教师身份将发生本质性变化,教师是大同学。因此,教师要积极转变教学观念,把培养学生的自主学习能力作为教学的终极目标,重视学生可持续发展能力的培养,改变错误的压抑学生积极性的教学方

式,想方设法地培养学生自主学习英语的能力。"授人以鱼,只供一饭之需;授人以渔,终身受用不尽。"作为教师就应该指导学生"要学""愿学""敢学"也"乐学"。

(二)创建平等、和谐、民主的师生关系

学本课堂有别于教本课堂,师生关系不是上对下的长幼关系、授受关系,而是真正意义上的民主、平等、人文和谐的发展关系。师生为了共同的目标而相互合作,相互帮助,追求的是一种真学习。因此,作为教师,我们要转换角色,成为学生学习的伙伴,与学生平等地交流和探讨,努力营造浸润着民主、平等、和谐的人文课堂环境。

(三)创建合作学习、共同建构的师生关系

师生之间不是那种传授和告知关系,而是合作学习,共同建构知识发展能力的关系。师生共同创建小组合作团队学习机制,创建人文、自由、开放、多元、灿烂的学习氛围,让学生实现真实、自由、自主的阳光学习。具体而言,学本课堂就是教师和学生协同合作,共同围绕着核心问题开展自主性的探究学习,在单位时间内解决问题,实现学习目标,促进教师和学生共同成长的学习活动。

在课堂上给学生充足的空间,让学生们自主交流、展示成果、互相质疑,在合作、交流、质疑中主动学习,获取知识和解决问题的能力。经过自己的实践获得了知识,学生们特别有成就感,自信心增强。在这种氛围中学习,学生们很放松,他们得到了释放,在课堂上很放得开,对学习更加有兴趣了。在进行英语教学时,教师应转变自身角色,从"教"导知识转变为帮助学生进行自主"学"习。

二、激发求知欲,帮助学生进行自主学习

在传统的教学过程中,教师作为教学的主体,在课堂上敦促学生进行学习,课堂氛围压抑,甚至使一些学生失去了对英语课的学习兴趣。其实教学不是主要依靠教师的教,而是依靠学生的学。我们经常会发现很多时候我们承担了许多学生该去完成的学习任务,渴望学生按照我们设计的方向去发展,但结果往往不尽如人意,甚至适得其反。课堂应该在给予学生充分前置性学习的经验基础上放手让学生去讨论,思辨,能学会的自己学会,不能学会的创造机会让他学会,真正实现"教育是为了帮助学生,而不是限制学生"。教师应善于挖掘教材,激发

学生的学习兴趣,引导学生自主学习,进而完成教学任务。

(一)创建教学情境,帮助学生运用英语

在学生进行英语学习时,都会遇见一些困难,因为在平时,英语应用较少,所以,在进行"学本课堂"教学时,教师应为学生创建教学情境,更好地帮助学生掌握英语知识,运用英语进行交流。创建的教学情境应符合生活,在创建教学情境时应与学生的生活或遇见的情况相符合,其设置的问题及答案应真实;创建的教学情境应具有时代感,英语教师应经常关注一些国内外的新闻、时事,在创建教学情境时,使其具有时代感;创建的教学情境应具有趣味。高中英语教师在创建教学情境时应具有一定的趣味性,这样可以调动学生的兴趣,使其更加积极主动地进行英语学习。

(二)立足学情,帮助学生掌握英语

学本课堂首先要做到"备学生"。教师认为的理所当然的东西在学生的成长过程中可能不是很常见的,所以作为教师我们也要与时俱进,我们的与时俱进就是要跟学生同成长,关注学生所关注的,了解学生所了解的,才能更好地提高课堂的效率。

因为每一名学生的成长环境、认知观念、思维方式等都有区别,因此,教师在进行英语教学时,应采用分层教学方法,让学生更自主地进行英语学习。教师可以将学生依照英语能力、兴趣爱好等因素划分为几个小组,为不同的小组制定不同的学习任务,以符合学生的特点。利用分层方法可以让学生清楚了解自身的强弱项,进而有针对性地查缺补漏,让好学生向多元化发展,让一般学生向优秀方向发展,让成绩有待提高的学生巩固基础,进而实现全体学生的共同进步。

三、结合实际,灵活实施学本课堂

(一)实践过程中遇到的问题及反思

因为有些学生的自律性比较差,所以在实施学本课堂之初,出现了学本课堂实施效果不理想的情况。完全把课堂交给学生就会耽误很多的时间,而且课堂效果也不好,学生各方面的基本能力如表达、沟通、协调、思考、基础知识等相对

较差,在进行小组讨论和展讲环节就达不到预期的效果,并且耽误学校要求的进度。在学本课堂教学模式实施了一段时间之后,我反思了出现问题的原因。一是,处于学本课堂教学初期,很多学生还习惯于传统的授课方式,对新的教学模式还需要适应和大量的操作练习。俗话说,熟能生巧。我们只有熟知并理解了学本课堂的理念,再加上反复的操作才能形成学本课堂的学习模式。二是,在学本课堂实施过程中,还应该灵活变通。将学本课堂理念贯彻到底的同时,要结合学科性质以及学生学情,不断摸索,探索出最适宜的结合方式。

当今社会日新月异,教育改革已成为时代教育的主题。及时地改变传统的教育思想,投身教育改革中来,我们的教育才有出路。我们别无他法,只能努力前行。每一种教学模式都有它的特殊性和灵活性。学本教学适应了当前中国学生的学情和学生的发展需求,所以在我今后的教学中,本着为提高学生的自我发展能力和自我修养及素质的宗旨,我将继续灵活运用或者说创新地运用这种教学模式。

(二)坚持学习,认真落实

学本课堂带来的是教师和学生的共同发展和成长。学本课堂是近年来在推进基础教育课程改革过程中打造的一张名片,是构建高效课堂的一大重要举措。课堂教学关注点是兴趣、习惯和能力的培养,课堂教学落脚点是知识、方法和活动的指导,课堂教学的目标是高效,课堂教学的情境是幸福快乐,课堂教学的指导思想是让学生做自己学习的主人。在今后的教学中,我要继续学习学本教育理念,将学本教育深入开展下去,真正把学习的自主权还给学生,引导他们自己去探索,去发现,在反复验证的过程中学习知识,快乐成长,使他们真正地成为学习的主人,也让自己的课堂更加有魅力。总之,我将真正地努力实现"以学为本,以学定教;以教导学,以学促学;还教于学,共同成长"的课堂变革目标。

学本课堂实施的成效与困惑

2019级英语备课组　孔垂艳

在我校两年的学本课堂有效实施过程中,无论是在学校管理还是在教师专业发展、学生学习习惯的养成方面都取得了一定的成果,具体如下:

1.转变教学观念,追求高效意识。改变传统模式,不再采用"满堂灌""满堂问""磨时间"等一些旧的教学观念。新时代的教师应该追求一些新的教学意识:学生由消极等待、被逼无奈学习转向积极主动、乐观勤奋学习,逐步学会自主、合作、探究学习等,现在的教师也应该教授学生获取新知识的学习方法,而不是只是传授知识。并让学生能够在教师不讲授的情况下就能做到自主学习。

2.转变备课方式,提高有效教学。教师课前都要备课,以前都只备知识,且自己备自己的,教师间很少去交流,所以思想就比较闭塞,教授方法也比较单调。但是大家若互相分析交流、讨论分享的话,备课就比较全面,会注意到学习方法,所涉及的问题考虑也会周全,这有助于设计方案的科学化,使课堂教学能够更加有效,提高课堂教学质量。

3.转变教学方式,用心经营课堂。教学生学习方法,更要用心去钻研,不是所有的方法都适合每一个学生,所以一节课不在于你教会学生多少知识,而在于为不同学生找到适合自己的学习方法。韩教授的查着工具读、画着重点读,写着感想读,记着内容读,练着习题读,思考着问题读等着实让我思维顿时开阔,为我在具体实践上起到了指导作用。

4.高质量的预习。现在的预习要由以前的"感知预习"转变为"理解预习",韩教授还提出了"查、画、写、记、练、思"六字诀的预习法,说当学生预习就能自己学会的知识,我们就坚决不讲,多余的时间就练笔。(专指语文)与此相应的课型就由以前的"复习课"和"新授课"转变成了"问题生成课"和"问题解决课"。

但是,在推进过程中还存在不少问题和困惑,概括起来主要体现在以下几个方面:

1.学校还尚未形成一套行之有效的制度,以保障教师持续坚持课堂教学改革。

2.学校尚未建成本校的一支专家队伍或者骨干教师队伍,以深入研究课改,帮助教师解答在课改中的实际困惑。

3.少数教师的观念很难转变,有的还存在抱残守缺思想,对固有的观念方法念念不忘、依依不舍,有的"等靠要"思想存在,一味寄托于有人指导,自己不主动探索实践。

4.在导学单的研发中,问题的设计不够科学。

5.如何保证自主学习的时间。

6.分组中如何解决学科差异问题。

7.分组学习中,分组后,对其他小组的学习任务关注不够。

8.担心学生讲解不够清楚,缺乏知识的系统性和整体感知,最后还得去补上一课。

9.学困生没法交流,也没法质疑、补充、展示,两极分化会也来越严重。

10.课堂上学生学得很慢的,每节课容量很少,而且学生之间的差异很大,非常不好调节教学进度。

11.学生在讨论的时候纠缠于细枝末节的问题,无形之中浪费了很多时间,课堂气氛表面很热烈,但总觉得课堂效率不高。

12.教师在课堂中引导时机的把握。

谈实施学本课堂对教师专业发展的意义

2019级英语备课组　段园园

自2019年7月开始,我校全面实施学本课堂,全校广大师生齐心协力,转变观念,克服困难,大胆实践,取得了阶段性显著成效,同时广大教师的专业能力和智慧导学能力明显提升,有效促进了教师专业发展。受益最大的是广大学生,大多数学生都掌握了新十大学习能力,培养了核心素养,减轻了学习负担,提高了学习效率,为培养终身学习能力奠定了坚实的基础。现就英语学科谈谈我对学本课堂的心得体会。

首先,英语是一门语言,语言是一门艺术,它不同于别的学科,聪明的人不一定学得好英语,但学得好英语的人一定是勤奋的人,这就要求学生主动投入,积极思考,而不是被动地接受教师的课堂灌输,而学本课堂就成就了这一点,让学生积极投入课堂中。学本课堂经过两年的推进,学生的知识经思考后变成自己的了,能灵活应用了。通过讨论,展讲,学生的自信心大幅提高,上课也不睡觉了,回答问题的声音也大了,英语口语也流畅了,看到这些转变,作为教师的我非常欣慰。因此,在此我要谈一下我对学本课堂的理解。

学本课堂,是指以学习者学习为本的课堂。这里的学习者不是单纯地指学生,而是指教师、学生和直接参与者。也就是说,在学本课堂中,没有纯粹的教师,教师身份将发生本质性变化,教师是大同学。具体而言,学本课堂就是教师和学生协同合作,共同围绕着核心问题开展自主性的探究学习,在单位时间内解决问题,实现学习目标,促进教师和学生共同成长的学习活动。在师生关系方面,有别于教本课堂,师生关系不是上对下的长幼关系、授受关系,而是真正意义上的民主、平等、人文和谐的发展关系。师生为了共同的目标而相互合作,相互帮助,追求的是一种真学习。在教学关系方面,师生之间不是那种传授和告知关系,而是合作学习,共同建构知识发展能力的关系。师生共同创建小组合作团队学习机制,创建人文、自由、开放、多元、灿烂的学习氛围,让学生实现真实、自由、自主的阳光学习。通过学本课堂学习,最终目的是让每位学习者的生命得到精彩绽放。

一、搭建了解放学生,让学生成长为解决问题的主人的平台。学本课堂注重学生学习能力的培养,尤其是学生结构化预习能力、自主学习能力、合作探究能力、问题发现生成能力、问题解决能力等。将学习还给学生,将方法教给学生。

二、搭建了思维绽放,让学生成长为展示对话的主人的平台。学本课堂注重展示对话学习方法,创建"说的课堂",通过生生对话、师生对话来解决问题,建构知识,培养能力,发展情感,在单位时间内完成学习任务。这种以说为主线的对话课堂拉动了每个学生的思维系统,激活了每个学生的思维潜能,培养了学生的学科思辨能力,最终使每个学生都能够能言善辩,富有较强的语言表达能力,给每个学生搭建了思维绽放的平台。

三、搭建了团队成长,让学生成长为合作学习的主人的平台。学本课堂注重小组合作团队学习机制建设,在角色上进行了大胆创新,引入了学科长这一关键性角色,使每位同学都成为合作学习的主人。这种机制创新,超越了个体接受式教学范式,走向了团队发现和团队成功的学习方式,为小组和班级全体成员的成功合作搭建了良好的学习平台。

其次,如何更好地推进学本课堂,让学本课堂真正发挥它的光彩,这就要求我们构建"问题导学型"学本课堂。构建"问题导学型"学本课堂,必须抓好以下三个方面:1.学生方面,主要培养学生的三种能力,即培养学生的结构化预习能力;培养学生的自主、合作、展示学习能力;培养学生的回归拓展学习能力;2.教师方面,具体培养三种能力,即教师的结构化备课和设计的能力,学会组本教研,严把质量关;教师的智慧导学能力,切实落实"一激二评三落实"(激发兴趣、及时评价鼓励、落实学习目标);教师做好回归评价指导能力。3.师生方面,共同创建小组合作、团队学习机制,搭建小组合作团队学习的有效平台,追求"三化"的学习效果(个人学习愿景化、同伴学习合作化、小组学习承包化),最终实现狼性学习的最高境界。具体如何构建,我从以下三方面阐述:

一、学生方面能力培养策略

(一)培养学生的结构化预习能力。结构化预习指的就是在预习时做到目标结构化、知识结构化、问题结构化。具体采用"阅读六字诀"进行预习,即查、画、写、记、练、思。查就是查着工具读,查不认识的字词,不理解的句段、查作者的简介、查文章的写作背景等,凡是自己能动手查到的就自己解决;画就是画着重点读,画课后要求记住的字词、画多音字、画重点句段、画积累的好词佳句等;写就是写着感想读,写文本大意,写段落大意、思想感情、品词赏句等,可以体现学生的理解程度;记就是记着内容读,记字词、作者、文本大意、思想感情、背诵段、重点句等,做到熟记于心;练就是练着习题读,实现作业前置化、全程化、全优化,这样可以使学生在读时发现问题并及时解决,不会的上工具单,最终实现简单问题书本化,复杂问题工具化;思就是思着问题读,把自己在读的过程中产生的问题写下来,解答不了的上问题工具单。此过程先由教师指导完成,时间长后学生自主完成,启用阅读评价章,实行五级评价机制,保证预习质量,使学生预习后能达到85分以上。

(二)培养学生的自主合作展示学习能力。学生自主学习采用"三定"123策略,三定即定时间、定任务、定问题,如"下面用10分钟进行自主学习,内容为几页到几页,围绕工具单上几到几题进行学习"。123指在学生自主学习时,老师要做到:1要闭口不说话,2要巡查观看,对学困生的指导声音控制在三度以内,3要心照,就是教师根据学生的学习质量随时调整时间,保证学生真正静心独立完成。学生的合作学习采用小组讨论方式,采用小组学习12345加2策略。具体这样操作:当学术助理说讨论开始,学科长喊起立、聚首、分配任务、小组讨论、组员间评价,为了方便书写可以坐立自如,为了组间交流,可以行走自如。真正让教室成为学生学习的学习场。学生的展示交流,采用展示对话学习"六字诀",即展(展讲、展写等)、思、论、评、演、记。学生在展讲过程中,要注意话语结构,遵循"破冰语—陈述语—讨论语—结束语",还要把握说话的时间度,语言简明扼要、切合问题,最后要注意仪态大方、声音洪亮等。小组展讲时,要求同学们认真倾听,及时加入讨论,并做好记录。如果学生们不讨论,教师要善于扮演打火机的作用,让学生们讨论起来,让课堂活起来。

(三)培养学生回归复习策略。在心理学上,我们学过艾宾浩斯的遗忘曲线,学过的内容要经常复习以保证记得牢。为此,在问题导学课堂上,为了巩固所学知识,韩教授采用拓展学习六字诀,即纳、练、思、展、问、演。要求学生写反思日记,以及完成回归评价和每个单元的回归复习,督促学生记牢知识。

二、教师方面能力培养策略

(一)结构化的备课,由以前的备知识转变为备问题,实现知识问题化。至今,韩教授的"问题之歌"我还牢记于心,他将问题分为四类:概念性问题、原理性问题、习题性问题、拓展性问题。教师实现和文本的三次对话(和文中主要人物对话、和作者对话、和编辑部老师对话),全面把握教材,再结合课程标准和学生生成的问题,形成问题学习工具单,面向群体学生制定学习方案,让学习工具单帮助学生实现学习目标。

(二)教师的智慧导学策略应适用于问题导学学本课堂。教师首先要根据不同的课型设计不同的工具单教学方案。组织新型小组合作讨论学习,使学生始终处于战斗状态,实现狼性学习的境界。在课堂上关注学困生,做好"随堂记录评价卡",激发引导学困生。让课堂真正走向民主、开放、多元,教师采用一扶、二放、三退、四隐的策略,让学生逐渐勤起来,让教师逐渐"懒"起来。

(三)在回归评价指导教本课堂上,我们教师往往根据教学计划要求进行复习,大量的时间放在批改作业上。问题导学学本课堂上,教师组织学生进行单元回归评价学习,与学困生签订学习契约,教师在此树立服务意识,为学生提供多元发展服务,让学生成绩持续提升。

三、如何创建新型合作小组

在问题导学型学本课堂上,学生主要是以小组为单位进行学习的,班级是一个大家,那么每个小组就是一个个小家。如果在小组内让学生学会学习,学会合作、缩小成绩差距、大面积提高学业成绩,那么,就要把小组建设成一个温馨之家,成员像兄弟姐妹一样团结、帮助、合作,没有嫌弃和排斥。在这个家中,学生们学会交往,提高了社交能力。教师通过刚开学时对小组的组建,培养小组成员间的凝聚力,并通过小组的组名、口号、愿景、组歌、承诺词、小组公约等,定期开好团会,即学术团会、行政团会、教育团会,不间断地加强组员的团队意识,最终让班内的同学达到狼性学习。学本课堂的精髓远远不止这些,这只是我自己对学本课堂的一些粗浅的看法。经过两年的实践,我的思想在不断改变,我始终记着韩教授的话:让学生预习时就把所有的知识掌握,课堂上就只想着怎样展示,怎样讲解别人才能听得清楚明白,以此锻炼自己的语言表达能力,使自己思维的刀子磨得快快的,将来成绩就业都是棒棒的。我也将不断努力,在韩教授思想的引领下逐渐"懒"起来,实现自己的专业成长。

学本课堂心之我见

2019级英语备课组　包艳芳

2019年秋季学期在我校开展了一场课堂模式的变革,学校举行了关于"学本课堂"的教学模式培训。韩立福教授给我们各位教师做了关于"学本课堂"课题的讲解,我感触很深。到目前,教师和同学们都已经习惯了这种学习模式,我坚信在以后的学习和工作中学生们的能力会更强。

首先,在日常的教学任务中,教师需要处理好教和学的关系。韩教授简单概括为四句话:以学定教、先学后教、多学少教、因学活教。在这样的课堂上,"学"决定着"教"的先后、多少、方式。其次,体现为以"学"为中心的特点。怎样才叫体现了以学为中心的特点?构建"五学"课堂——"当堂自学、同伴助学、活动展学、互动评学、教师导学"。"学"居于课堂的核心地位,课堂的一切活动是以"学"为主线展开的。为了在课堂中充分体现"以学为主",同学们以6人为一组,有组长,各学科的学科长,彼此互相督促,互相提醒,同学们互相解决疑问,实在解决不了的才由大同学解决。

在新课程形势下,以前的教师主讲转向了教师指导学生学习,以前的个体学习转向了小组互助学习、小组合作学习和小组团队合作学习,教师的一家之言转向了互动式的答疑解惑,这无疑给沉寂的课堂增添了一些原动力和活力,教师在课堂中做到两点即可:把握重点和突破难点。在课堂学习中,学生有了学习的依据和导向——工具单,有了学习的目标,有了解决问题的欲望,有了超越他人的竞争意识,课后才有了可以继续学习的精神食粮。常言道,有需要才有动力,在课堂中学生没有具体的目标,学生就不会有源源不断的精神动力。

在学生的展讲互评课堂上,我亲身感受到了教师作为大同学的主导和引导作用,教师充分尊重学生的个性,让学生在小组学习、小组合作学习、小组合作团队学习中能获得快乐和收获。学生能在小组学习中既学到知识也感受到小组这个集体的温暖。这样,将教师的个体关爱转移到小组这个群体的关爱,这无疑增强了后进学生的学习自信心,在学困生的脸上也能看到阳光般的笑脸,这不正是我们教书育人过程中所希望看到的吗?

以学生为主体的"学本课堂"模式的教学,教师既减轻了讲课的负担但也不能大胆放手,能否真正将学习的主动权交给学生,还需要教师在观念上加以改变。其中就有一条,教师要让学生真正做到结构化预习,严格按照"查、画、写、记、念、思"的六字诀展开预习,真正做到假期预习、旬期预习的有效预习模式。做到教育的最高境界是为了不教,也就是为学生以后的终身学习打下良好的基础,因此培养学生的自主学习能力非常关键。

总之,"学本课堂"作为一种理念,更是一种教学探索,一种教学的实践模式,在今后的教学活动中,必将会引起我更多的思考、更多的探索,力求让教与学做到完美结合,能让学生最大效率地掌握到知识,让教师能真正做到以"大同学"的身份从繁重的教学工作中解放出来,全身心投入课堂教学的教研中。

学本课堂，引领教师专业成长

2020级英语备课组　杨益燕

如何构建高效课堂？如何在课堂中做到以学生为中心？如何在课堂中关注到每一位学生？如何挖掘学生学习的自主能动性？如何让学生掌握最有效的学习方法？这些问题的答案都可以在学本课堂中找到。学本课堂的理论和实践，让教师明白了教育的目的和真相，让教师对课堂教学豁然开朗。学本课堂在我校实施已经有2年多了，它引领着教师在教育领域不断去探索、发现、寻找规律，引领着教师的专业不断成长。

一、转变师生关系，师生共学

学本课堂，是指以学习者学习为本的课堂。这里的学习者不是单纯地指学生，而是指教师和学生。在学本课堂中，没有纯粹的教师，教师身份将发生本质性变化，教师是大同学。具体而言，学本课堂就是教师和学生协同合作，共同围绕着核心问题开展的自主性探究学习，在单位时间内解决问题，实现学习目标，促进教师和学生共同成长的学习活动。在师生关系方面，有别于教本课堂，师生关系不是上对下的长幼关系、授受关系，而是真正意义上的民主、平等、人文和谐的发展关系。师生为了共同的目标而相互合作，相互帮助，追求的是一种真学习。在教学关系方面，师生之间不是那种传授和告知关系，而是合作学习，共同建构知识发展能力的关系。师生共同创建小组合作团队学习机制，创建人文、自由、开放、多元、良好的学习氛围,让学生实现真实、自由、自主的阳光学习。通过学本课堂学习,我认识到教学的最终目的是让每位学习者的生命得到精彩绽放。

二、转变教学关注点,让学生成为主体

在传统的教学中,教师重点关注怎么教,忽视了学生怎么学才更有效。然而,真正的教学主要不是依靠教师的教,而是依靠学生的学。我们对学生所施加的教育都要通过学生自身进行自我认知、自我建构、自我发展、自我完善来达到,教育过程的主力和主人是学生而不是教师,我们只不过是学生自主发展的辅助者。学习是生命成长的过程,它是人自身的一种需要,而不是外在压力的结果。教育的一切行为都应该是为了满足儿童的这种需要,从而使他们内在的生命力、使他们的潜能得到充分的发挥。学本课堂做到了这一点。学本课堂的结构化预习给予学生充分的前置性学习,课堂上的小组讨论和展讲给了学生讨论、思辨、能力提升的机会。学生需要充分调动自己的学习主观能动性,能学会的自己学会,不能学会的创造机会让他学会,真正实现教育是为了帮助学生,而不是限制学生,真正让学生成为学习的主体。

三、提升师生课堂参与度

课堂的参与度决定了课堂的效率。传统课堂学生的参与度低,以至于学生在课堂上吸收了多少知识只有他自己知道。学本课堂倡导高效的自主学习、小组合作学习、探究性学习,展示交流学习都是以学生的积极参与为前提,没有学生的积极参与,就不可能有自主、探究、合作学习,更无法进行展示交流。实践证明,学生参与课堂教学的积极性,参与的深度与广度,直接影响着课堂教学的效果。学生所回答的问题、提出的问题,是否建立在第一个问题的基础之上,每一个学生的发言是否会引起其他学生的思考;要看参与是不是主动、积极,是不是学生的自我需要;要看学生交往的状态,思维的状态,不能满足于学生都在发言,而要看学生有没有独立的思考。加上教师的六种激活策略,多元评价和丰富的课堂形式,学本课堂是使学生真正地动起来了,兴奋起来了,参与的积极性高起来了,参与度也大大提高了。在学生积极、主动、兴奋地参与学习过程,其综合能力得到了发展。

四、提升教师的教学设计能力和课堂驾驭能力

学本课堂虽然以学生为主体，但是对教师的要求也更高了。从教师角度来说，学本课堂要求具备以下三个条件：一是教师能够依据课程标准的要求和学生的实际情况，科学合理地确定课堂的三维教学目标。因为教学目标的预设与课堂的实际情况不可能完全吻合，这就需要教师在教学的过程中对教学目标做出适时调整，最大限度地面向全体学生，使其更好地体现教学目标的适切性。二是教学的过程必须是学生主动参与的过程。这种主动参与主要体现在教师能否采取灵活机动的教学策略调动学生学习的积极性，能否积极引导学生积极思考，能否给予学生更多的时间和机会进行必要的合作和展示，使全班学生分享彼此的学习成果。三是教学中适时跟进、监测、反馈、消解，以多种方式巩固学生的学习成果，使三维教学目标的达成度更高。

五、提高教师的智慧导学能力

在问题导学学本课堂中，教师首先要根据不同的课型设计不同的工具单教学方案。组织新型小组合作讨论学习，使学生始终处于战斗状态，实现狼性学习的境界。在课堂上关注学困生，做好"随堂记录评价卡"，激发引导学困生。让课堂真正走向民主、开放、多元，教师采用一扶、二放、三退、四隐的策略，让学生逐渐勤起来，让教师逐渐"懒"起来。

六、重视文本，回归课本

对于我校学生基础差的基本学情，教师应该重视学生的基础。课本就是最基础、最重要的知识来源，但往往被师生忽视了。学本课堂让师生开始重视基础，重视课本。课前的结构化预习，QA学习法，多色笔的运用，划线学习法，遮纸法，课本例题习题的完成，这些都体现了师生对基础知识，对课本的重视。

总之，在学校的课堂改革中，作为一名学本课堂的实施者，我们应积极投身于它的发展之中，与全体教师共同致力于高效课堂的研究与探索中，共同寻求适应现代教学改革的新路，切实以新观念、新思路、新方法投入教学，适应现代教学改革需要，切实发挥生本高效课堂在新时期教学改革中的科学性、引领性，使学生获得能力的最大提高。

开展学本课堂之微心得

2020级英语备课组　殷敏

学本课堂,是指以学习者学习为本的课堂。这里的学习者不是单纯地指学生,而是指教师、学生和直接参与者。也就是说,在学本课堂中,没有纯粹的教师,教师身份将发生本质性变化,教师是大同学。具体而言,学本课堂就是教师和学生协同合作,共同围绕着核心问题开展自主性的探究学习,在单位时间内解决问题,实现学习目标,促进教师和学生共同成长的学习活动。在师生关系方面,有别于教本课堂,师生关系不是上对下的长幼关系、授受关系,而是真正意义上的民主、平等、人文和谐的发展关系。师生为了共同的目标而相互合作,相互帮助,追求的是一种真学习。在教学关系方面,师生之间不是那种传授和告知关系,而是合作学习,共同建构知识发展能力的关系。师生共同创建小组合作团队学习机制,创建人文、自由、开放、多元、良好的学习氛围,让学生实现真实、自由、自主的阳光学习。

与教本课堂相比,学本课堂以问题导学为主线,走向师生围绕问题开展活动的学习,将围绕问题开展探究、对话、反思、表达的学习活动;教师的导学方式追求智慧导学,主要任务是触发、交流、分享、促进;重点关注学生的智力开发、潜能挖掘、情感表达和思维发展;突出强调自主性、主动性学习,强调建构式学习和高级思维训练,激发学生主动参与、积极探究、勤于动手的兴趣和愿望,着力培养学生搜集和处理信息的能力、获取新知识的能力、分析和解决问题的能力以及交流与合作的能力,重点培养学生的创新意识和实践能力。概括起来,学本课堂主要是师生共同围绕问题而开展的自主合作探究活动,开发学习者智力、挖掘学习者潜能、丰富学习者情感、发展学习者思维,最终目的是促进学习者在智力、潜能、情感、思维等方面得到全面、和谐发展。

　　通过学本课堂学习,最终目的是让每位学习者生命得到精彩绽放。搭建了解放学生,让学生成长为问题解决的主人的平台。学本课堂注重学生学习能力的培养,尤其是学生结构化预习能力、自主学习能力、合作探究能力、问题发现生成能力、问题解决能力等。将学习还给学生,将方法教给学生。学本课堂注重展示对话学习方法,创建了"说的课堂",通过生生对话、师生对话来解决问题,建构知识,培养能力,发展情感,在单位时间内完成学习任务。这种以说为主线的对话课堂激活了每个学生的思维系统,开发了每个学生的思维潜能,培养了学生的学科思辨能力,最终使每个学生都能够能言善辩,富有较强的语言表达能力,给每个学生搭建了思维绽放的平台。学本课堂搭建了让学生成长为合作学习的主人的平台。学本课堂注重小组合作团队学习机制建设,在角色上进行了大胆创新,引入了学科长这一关键性角色,使每位同学都成为合作学习的主人。这种机制创新,超越了个体接受式教学范式,走向了团队发现和团队成功的学习方式,为小组和班级全体成员的成功合作搭建了良好的学习平台。通过近两年的学本课堂的操作,我深深感受到以下几点:

　　一、学生们得到了释放。"学本教学"就是让学生成为课堂真正的主人,教师仅仅是学生自主发展的指导者和引领者。以前在我们的课堂上,往往是教师们在口若悬河、喋喋不休地讲,学生们眼巴巴地坐在那里听,只是在听老师讲,而他们本身并没有真正参与学习中来,即便是教师在课堂上设计了"小组合作"环节,但也只是过于形式化,学生学习的积极性可想而知。而学本课堂教学模式要求教师抛出有价值的问题,让学生讨论,体现出学生是学习的主人。在课堂上给学生充足的空间,让学生们自主交流、展示成果、互相质疑,在合作、交流、质疑中主动学习,获取知识和解决问题的能力,经过自己的实践获得了知识,他们特别有成就感,自信心增强,并且他们的表达、沟通、协调、自律等各方面的能力得到了锻炼。在这种氛围中学习,学生们很放松,他们得到了释放,在课堂上很放得开,对学习更加有兴趣了。

二、教师的角色发生了翻天覆地的变化。师生协作建构知识在学本教育范畴下,只有学习观,不存在教学观,也就是说没有教师对学生的传授知识过程,而是学习者之间建立科学的学习共同体,通过结构化组织活动来共同建构知识。如果学习者不会,教师就鼓励、引导学习者主动学习探究;如果学习者通过自主探究还不会,就向其他学习者咨询、询问;如果学习共同体成员发现有学习者学习困难时,那就主动、自觉地给予必要的帮助和指导。学本课堂学习观强调学习者基于团队学习基础上的个体自主学习,主动发展和合作发展。从空间上看,建立大学习观,不只是局限于课堂学习,而是拓展到课前、课中和课后学习。从内容上看,建立整体学习观,突出整体学习任务,强调学期整体学习和单元整体学习目标的实现和完成,尽可能淡化以课时为单位的教学。关于这一点,我是深有体会,以前总是反反复复地讲个不停,总是担心学生们不明白或没有掌握。很多时候教师一厢情愿地承担了许多工作,渴望学生按照教师设计的方向去发展,但到最后却往往是失败。教师在这种课堂上只是策划者和引导者。教师的职责就是帮助,角色就是助手,帮助的意义仅仅是激发和引导。只有能够激发学生去自我教育的教育,才是真正的教育。学本课堂要求教师有指导学生、激发学生产生学习愿望的动力,学会学习的能力。教师的这种对学生学情的驾驭能力,是与老师在平时教学中不断积累经验,不断进行反思分不开的。

三、师生一体双赢发展。在学本教育视野下,学生即教师,教师即学生,教师被称为"大同学",师生关系是"大小同学"关系,所以,严格地说学本教育没有学生观、教师观和师生观。在教本教育视野下,教师往往被尊崇为"传道受业解惑"者,认为"师道尊严",教师高高在上,似乎被视为教导、管教学生的"主管"。而学生则常常被视为听从教师安排、服从教师指令的人员。在学本教育视野下,在课堂学习中,教师和学生都是主体,既不是双主体,也不存在教师主导和学生主体的关系问题,这个主体还包括其他参与者,包括直接参加和间接参加的主体,如学生家长、学校领导、社会成员等。虽然教师是成人,学生不是成人,二者认知程度、生活经验和身心发展程度都存在差异,但是在学本课堂中,师生一体,都是一个主体,都是实现同一个学习目标的主人,"大小同学"共同确立学习目标,共同发现问题、生成问题、解决问题、拓展问题,通过以问题为中心的学习活动,来实现师生知识建构、能力培养的学习目的。在教本教育视野下,教师观往往把教师视为"完人",学生观往往把学生视为待教育、待发展、待成长的"不完善"的人。在学本教育视野下,学习者发展观认为教师和学生都是富有无限潜能的、有待于发展和完善的学习者、成长者。由于人的潜能是无限的,教师不是一个"完人",不过是年龄稍大的先知者,也是发展中的人,也是有待完善和发展的人。只有建构这种认识,才符合终身教育理念和未来社会人才需要的要求。学本教育的目的是最终促进学生和教师两方面的发展,甚至能够促进其他参与者发展。

四、实践过程中遇到的问题。1.我所教授的学生自律性比较差,所以课堂的纪律是个问题,这样把课堂交给学生就会耽误很多的时间,而且课堂效果也不好。2.学生各方面的基本能力如表达、沟通、协调、思考,基础知识等相对较差,这样进行课堂讨论和自学就会很难,达不到预期的效果,并且耽误学校要求的进度。当今社会日新月异,教育改革已成为时代教育的主题。及时地改变传统的教育思想,投身教育改革中来,我们的教育才有出路。我们别无他法,只能努力前行。每一种教育模式都有它的弊端和缺陷,或者说每一种教学模式都有它的特殊性和灵活性。我觉得,学本课堂教学还是很适应当前中国学生的学情和学生发展需求的,所以在我今后的教学中,本着为提高学生的自我发展能力和自我修养与素质的宗旨,我将继续灵活运用或者说创新地运用这种教学模式,找到一个中间的适合我的学生的教学模式和方法。

"学本课堂"亲体验

2020级英语备课组　孙琼艳

现在我们的教学倡导"学本课堂",即在课堂教学中以学生作为学习的主体,高度关注学生的学习状态,重在培养学生的学习品质,着力指导学生自主学习,并以此为根本展开教学活动。把学习的主动权还给学生,让学生成为课堂的主角,把培养学生学习兴趣、学习习惯和学习能力作为课堂教学的关注点,努力实现"以学为本,以学定教;以教导学,以学促学;还教于学,共同成长"的课堂变革目标。

"学本课堂"实行之后,我进一步明确了"以学生为中心"的教学理念,并知道关注在"小组合作学习"中容易出错的许多具体细节问题。比如教师应该如何设置课堂问题,如何去判定这个问题是否需要小组合作,以及在小组合作学习中,如何让每个小组成员都发挥个体的积极性和能动性,并通过小组合作,保证不同基础的学生全部学会。

由此,结合本人教学中相关问题,引出以下思考：

一、备课时应学会换位思考,切实做到备学生,备课堂

教学主要不是依靠教师的教,而是依靠学生的学。我们经常会发现在教学中我们太自作多情了,很多时候我们一厢情愿地承担了许多工作,渴望学生按照我们设计的方向去发展,但教育不可能像修剪树苗对学生进行外在的改造,我们

对学生所施加的影响都要通过学生进行自我认知、自我建构、自我发展、自我完善来达到。教育过程的主力和主人是学生而不是教师,我们只不过是学生自主发展的服务者。学习是生命成长的过程,它是人自身的一种需要,而不是外在压力的结果。教育的一切行为都应该是为了满足学生的这种需要,从而使他们内在的生命力,使他们的潜能得到充分的发挥。教师在课堂上应该在给予学生充分前置性学习的经验基础上放手让学生去讨论,思辨,能学会的让学生自己学会,不能学会的创造机会让学生学会,真正实现教育是为了帮助学生,而不是限制学生。教师不做"拉动学生的纤夫",而应该做"生命的牧者",在教学方法上应选择最适合学生的教法和学法。只有引导学生实现由"学会"到"会学"的转变,学生的主体地位才有可能得到体现。

作为角色转变后的大同学,备课的关键是备学生怎么学,即把学生怎么去学每项内容的学习方法都备出来,刻意关注去备学生的学习方式。因此作为教师,我们首先应该在理论上充实自己,学习先进的理念和方法,在备课中,充分挖掘课本内容,如:创设情境对话,采用分组教学、合作式教学等,让学生主动参与、乐于参与,使人人能在一节课中展露风采,让课堂真正成为发挥学生闪光点的舞台。让每个学生发挥潜能,轻松愉快地参与学习中,成为学习的主体。

二、在"小组合作学习"中,避免让学生"假合作",进行真正有效的"真合作"

首先,我们教师预设的问题,应该是"难度适中"的问题,即刚刚超出了个体能独立解决的范围,真正需要小组讨论、集中解决的问题。只有这样的问题,才是需要以小组讨论方式来解决的问题。其次,在小组合作学习中,我们教师预设的问题,一定是教学的重点、难点,只有这样的问题才需要合作解决。在教学过程中,应注意避免把教师作为传授者排在第一位,努力发挥教师作为组织者和管理者的职能。

三、自身应当更新专业知识,强化专业能力

我校实行的学本课堂给我自身带来了重大的挑战和不可多得的机遇。我也希望在这场变革面前实现新的"蜕变"、新的跨越。

教师的基本职责就在于传授知识、解答疑惑，随着时代的发展，知识不断的丰富和更新，作为一线教师的我们，首先需要及时学习新的学科专业知识。与此同时，生长在不同年代的学生，接受的教育和信息差别很大，心理、生理发展情况也有很大差异，如果教师用与现在情况不相符的理论指导工作，效果会不甚理想，所以，必须汲取不断发展中的教育专业理论。"学然后知不足，教然后知困。"教师只有勤奋笃学，活到老学到老，让自己的知识体系常新，才能游刃有余地解决教育教学中遇到的各种实际问题。

不少从教时间较长的教师"以分数论英雄"，把学生考试成绩作为教育教学能力的最主要体现，这是背离新课程理念的。在新课程背景下，教师的专业能力包括指导实践性课程和研究性学习的能力、运用信息技术辅助教学的能力、指导学生学会学习或掌握科学学习方法的能力、指导青年教师的能力、课程开发和教育教学资源建设的能力、教育教学科研的能力等。因此，我一定会遵循新课程理念和教学规律，结合实际，选取恰当的教法，把自身的思维内容转化为学生的思维内容。为此，我要在提高驾驭教材能力的同时，提高课堂教学设计的能力，努力使自己真正成为课本与学生之间的"桥梁"。

四、加强教研组的团队合作精神，资源共享

"学本式高效课堂"不是一种形式，更不是花架子，它是教学发展的必然产物，它的实现更不是一朝一夕就可以做到的，但这并不能作为我们逃避的借口。在平日教学中，我们应加强与本组教师的教研研究与讨论，积极参加备课组的各种活动，努力创建和实施和谐高效的课堂教学模式，全面提高课堂教学效率。从而使教师和学生在构建的和谐高效思维对话课堂的实践中，建立合作关系，努力地学习、实践，打造民主、开放、快乐的课堂，真正实现"双赢""双发展"。

新课程背景下的我们不仅是有知识、有学问的人，而且是有人文素养追求的人；不仅是高起点的人，而且是终身学习、不断自我更新的人；不仅要成为学科的专家，更要成为教育的专家。这是教育发展的时代需要，是教师自身发展的需要，更是学生成长和发展的需要。

学本课堂的实施与教师角色的转变

2020级英语备课组　张鹏琴

2019年学校开始实施"启潜、导学、团队"学本课堂学习模式,实践两年来,无论是学生的学还是教师的教,在很大程度上都有一定的变化。众所周知,一所学校的发展离不开教师专业水平的提高,教师的教学水平,也是衡量学校办学水平的重要指标。所以,学校非常重视教师的专业发展,通过学本课堂理论培训、专业指导、进班培训等各方面的跟踪落实,来促进教师的专业发展,进一步提高人才培养的质量。学本课堂是从传统的以教为主的教学模式,向以学为主过渡,在课堂教学中以学生的学习兴趣为出发点,充分发挥学生的主体作用,让学生自觉地去讨论、分享、研究知识。

学本课堂,是指以学习者学习为本的课堂。这里的学习者不仅仅指学生,而是指教师、学生和直接参与者(有参与和学习兴趣的家长、社区成员等)。具体而言,学本课堂就是教师和学生协同合作,共同围绕核心问题展开自主性探究学习的活动,提倡的核心理念是"一切为了促进师生和谐成长、全面发展",让学生在教师的指导下学会分析,学会判断,学会评价,学会合作。正因如此,学本课堂培养的就不再是被动型和复制型的人才,而是主动型和创新型的人才。学本课堂是一种新型的课堂模式,要实施学本课堂,对于教师和学生来说,都具有一定的挑战性。通过对学本课堂的学习、领悟以及实施,教师角色有很大转变:

一、从传授者转变为引导者。在学本课堂的视野下,怎样结合学生现有的知识基础和认知水平,引导学生自发地去解决问题、参与研究、收集整理资料,是教师的首要任务。这种能力在传统课堂中是被忽略的能力,在新的课堂中却越来越被重视,并被提升到了一个新的高度。

教师的引导力首先是指导学生课前使用的结构化预习能力,使学生人人学会高质量预习;其次是指导学生课中使用的自主独立学习能力、小组讨论学习能力、展示对话学习能力、问题生成学习能力、工具性训练学习能力和高级思维训练学习能力等;最后是指导学生课后使用的多元拓展学习能力、回归评价学习能力和团队评价学习能力等。怎样引导学生适应现在的自主学习模式,是教师和学生都要应对的问题,适当的引导和指引是必须的,也是为后期教学必须做的基础性工作。

二、从学科教学转变为文化研究者。从教育过程角度来看,教师在其中不只承担了知识传播的职能,同时作为文化传递中的重要纽带,同样应当担负起文化传播的责任。教师作为理性的典范、道德准则的楷模、文化科学的权威、特定社会价值的维护者来影响学生。然而,教师文化传递这一传统职能被越来越多的学校弱化,仅仅片面地用社会文化传递角色来审视教师的文化传递功能。

教师的文化职能不应该是被动的、片面的和僵化的,而应该是主动的、多元的。21世纪是一个文化多元化的时代,教师在面对这样的挑战时应当有一定的自主性。教师通过自己的认知和个人经验来决定教学活动,主动地、积极地去解决教学中的细节。在不违背教育目标的情况下,教师根据自己的知识水平、认知方式、学生发展过程的认识来或多或少地对课程内容进行加工。基于这样的操作,教师有可能成为具有批判精神、社会责任感和有道德担当的文化研究者,从而实现多元文化视域中教师角色的转变。

三、从主导者转变为设计者。在传统教学中,教师作为学科教学的传递者,往往会不自觉地给自己创造一个课堂主人的形象或知识权威的角色,用来高效地进行知识的传递。但这样往往会使学生丧失在课堂中的积极性和主动性,最终丧失真正的高效课堂。要做到高效,就必须将课堂的时间维度和空间维度扩展延伸。

一个优秀的学本课堂的设计,往往会达到意想不到的效果。教师要做课堂的设计者,不能只局限于三尺讲台上的高谈阔论,而要立足于学生的发展规律,培养学生的终身学习习惯和创新能力。教师要多研究教材,多去实践、探讨、交流,立足于教学目标与教学内容,合理地分析学生之间的差异及学生的学习特点,在课堂中积极地参与并对学生进行组织和观察。课后对课堂效果进行分析,并结合自己在课堂中的观察去判断自己的设计是否有效,积极地反思自己的设计过程、设计内容、引导方式是否合适,对于不同的课程内容,不同的课堂模式,总结出自己的课程设计方案,与其他教师多探讨交流,从而形成系统的课堂设计思路。

四、从结果审查者转变为多元评价者。教师的评价应该是从激励学生的角度出发,去培养学生实事求是的自我评价能力,养成学生客观面对问题的能力。从学生的身心发展出发,培养学生的主动性、探索性、自省性,在学生的心理上与精神上产生安全感。科学多元评价可以使学本课堂良性发展,学生在评价中学会自我监督、自我调节、自我分析、自我发展。

在传统的教学中,教师多采用结果性评价和终结性评价,定量性评价与甄别性评价方式,这些评价在辅助教师掌握课堂效果上有很好的作用,但是在激励学生上却收效甚微。教师在做出评价的时候,标准应该是多元的,不能仅仅从知识和技能的角度出发,还要关注过程和方法、情感态度和价值观等,多方面、多元化、多方式地进行形成性的评价,运用连续性与合理性的评价方案和评价策略,建立宽广的评价人群,包括同学、教师、家长及学生自己的综合性评价。

新课程的改革带来了新的挑战,优秀的课堂传递者未必就是新时代的优秀教师。艺术化的课程设计才是新时代的需要,但这个过程是漫长的,需要我们敢于创新,敢于实践,多总结分析。教师只有全面发展,才能成长为适应开展学本课堂的优秀教师。

构建学本模式，打造灵动课堂
——实施"学本课堂"有感

2020级英语备课组　白雪

为解决"教本课堂"的低效教学问题，以有效教学研究为突破口和切入点，我校确立了"先学后导—问题评价"的学本课堂教学模式，致力于为学生奠定终身学习的知识基础、学习能力、学习品质，探索"教本课堂"向"学本课堂"转型的有效路径和有效策略。

学本课堂是一种新的教学形态，以学生的发展为教育理念，以学生的积极参与为前提，倡导自主学习、合作学习、探究性学习，目的是实现"一切为了促进学习者和谐成长、全面发展"。主要体现在：一是将"问题"嵌入课堂，二是建立"大小同学"式关系，三是采用建构式主动学习法，四是师生开发合学型智慧导学策略，五是建立小组合作团队学习平台，六是使用问题导学型学习工具单。

学本课堂首先营造了浸润着民主、平等、和谐的人文课堂环境。新课标倡导的自主学习、合作学习、探究性学习，都是以学生的积极参与为前提，没有学生的积极参与，就不可能有自主、探究、合作学习。学生参与课堂教学的积极性，参与的深度与广度，直接影响着课堂教学的效果。"没有学生的主动参与，就没有成功的课堂教学。"教师要转换角色，从"知识的神坛"上走下来，成为学生学习的伙伴，组建起"学习共同体"，与学生平等地交流和探讨，允许学生提出自己独特的见解、奇特的想法，激励善待学生，创设一种"心理自由和安全"的课堂教学环境，让学生的心智和心灵能自由自在地放飞。其次学本课堂对教材进行了"二次开发"。在尊重教材的基础上,教师能超越教材,积极地审视、科学地处理加工教材,善于挖掘教材之外的教学资源,在激活学生思维方面大做文章、巧做文章,善于开发、利用工具单,引用情境和案例,巧妙地设置问题,引发学生心理上的认知,从而全身心投入学习中。

一、"学本课堂"的教学意义

"学本"即在课堂教学中以学生作为学习的主体,高度关注学生的学习状态,重点培养学生的学习品质,着力指导学生的学习方法,并以此为根本展开教学活动。教学活动包含着教与学两个方面。在知识贫乏的年代,教师拥有着绝对的知识优势,教学中"教"占主导,知识本身成为教学重心。但在当今知识激增的时代,教者无法仅仅通过教让学生获取足够有用的知识,知识呈现方式的多样化也决定了学习者可通过更多的途径获取知识,知识的快速更新也迫使大家不停地学习。因此,学会学习、终身学习成为必然,教者的重心更应从知识本身的传授向关注学生如何学习和指导学生学会学习转变,这是文化发展的必然,是学生终身发展的必然。

"学本"首先是以学生的知识掌握为本,关注学生的学习和知识获取情况。教材中的基本知识与基本技能,是学生今后进一步学习的基础,必须要牢固掌握,否则终身学习的理想只能成为空中楼阁。"学本"还要更关注促使学生掌握一定的学习方法,形成学习能力。随着社会发展进程的加快,学校教育所掌握的知识本身已不够未来使用,人们需要不断学习新知识才能满足社会生产生活的需要。只有让学生学会了学习,有了一定的学习方法,才能在将来有实现终身学习的可能。此外,培养学生良好的学习品质也是"学本"目标之一。好习惯受益终身,良好的学习习惯有助于学生高效有序地实现终身学习。好的学习品质是学生在终身学习受挫时得以坚持下去的保证,而有很好的学习志趣才有将来实现终身学习的动力。最后,"学本课堂"也关注学生的心理发展,要引导学生正确认识世界和追求真善美的内心。要让学生感受知识与生活的水乳交融,感受世界的真实美好与其内在的规则,感受人生丰富的情感与高尚的情操。

二、"学本"课堂流程结构

"学本"课堂教学模式呈现了充分信任学生的理念,要帮助学生通过自己的努力,高效愉快地掌握新知。

(一)结构化预习

这是前置性学习的重要环节,是"先学"的表现形式之一。教师要引导学生尝试自我学习新知,提出适当的要求帮助学生实现有效的知识自我获取。要引导学生在自我学习中摸索学习方法,感受获取知识的多种方式,体验自我学习策略的有效性。

(二)学习新知

这一环节是"学本"课堂模式的主体,是"先学后教,先生后师"的具体呈现。学习新知不同于以往以教师新授为主的课堂教学模式,主体是学生,方式为自主探究、合作交流、质疑释疑等,在学习过程中学生展示思维过程,解决问题的策略,通过小组合作等形式让学生的思维发生碰撞,充分调动每位学生参与学习讨论。

(三)巩固提升

这是学本课堂高效的保证。知识由简单的认识到内化为能力,为终身学习奠定基础。巩固的过程是一个知识分层提升的过程,是知识化为能力的过程,是学生因为不断成功过关而信心倍增的过程。巩固过程是学生对自己的学习结果不断认可,不断反思,不断质疑,不断明晰的过程。巩固过程也是一个知识与生活交汇的过程,是学生体验学有所获,学以致用的过程,是学生感受世界与人生哲理的过程。

(四)自主评价

这是对学本课堂的一个评价方式。教师要精准地掌握学生的学习成果,除了课堂动态观察,也要有统一标准的检验,以便于个别辅导和下一课的学习目标调整。对于学生来说,评价是对知识掌握度的自我再认知,是学习效能的显性展示,是课后复习的努力方向。因此,五至十分钟的独立检测必不可少。这是对知识技能的重视,是对学生学习效果逐步形成独具个性特色的教学形态。

总之，在新课标下教师只有不断在教学中贯彻学本教育理念，切实转换教师的教学方式，开展顺应学生学习方式的变革，倡导自主学习、探究学习、合作学习的全新的学习方式；根据新的课程目标，运用现代教育理念和技术建立新的学习评价方式，这样才能使我们的教学充盈智慧和灵气，使学生的学习充满着激情和多彩！

浅谈实施学本课堂对教师专业发展的意义

2018级物理备课组　王丽

我校实施学本课堂已有三年,在学校领导的英明决策下,2020年高考取得了可喜的成绩,2021年也会有不错的成绩。我所任教的2018级班级实施学本课堂也有两年,在这两年的学本课堂实施过程中,我亲身体验到了学本课堂的魅力,它教会了学生如何学习、如何考试、如何合作、如何交往,提高了学生的综合能力,让学生学习更主动,更自信。不仅如此,学本课堂的实施对教师专业发展更有重要的意义,主要体现在下面几个方面。

一、学本课堂理论和实操的学习培训,促进了教师专业的成长

我校自实行学本课堂改革以来,多次请专家来给我们培训,从学本课堂理论到实际进班操作,都给了充分的培训和指导,还请专家驻校指导,通过学本课堂理论的学习,让教师们从思想上接受了学本课堂,通过全校校本课堂的具体实施,让每位教师掌握了学本课堂的具体操作策略并进行智慧导学,让学生学得轻松、学得愉快,教师教得轻松、教得高效,促进了教师专业的发展。

二、结构化备课,让教师重新回归教材,提升了教师的专业功底

学本课堂要求学生课前进行结构化备课,要求学生怎么做,教师首先就应该怎么做,教师在课前也要像学生那样对课本进行不少于三遍的阅读,采用画线学习法和QA学习法,教师也要在课本上提出问题并进行回答,这样教师可以站在

学生的角度去看待一个问题,从而去设计更适合学生层次的问题。通过学本课堂的课前结构化备课,我澄清了多年以来一些模糊的问题,重新走进教材,才发现教材编得很好,很多高考真题的母题和情境其实就在教材中,以往的教学都是凭经验,忽视了教材,忽视了学生的认知水平和学习感受。通过学本课堂的课前结构化备课,教师的专业功底提高了。

三、开发工具单,提升了教师的专业水平

学本课堂要求教师课前在结构化备课之后,根据所教相应内容开发相应课型的工具单,在编制工具单前要求每位教师先进行结构化备课,完成课本和教辅上所有的例题和习题,然后依据课程标准、教学大纲和所教班级的学生实际确定本节内容的重、难点和关键问题,再依据教学内容和课时确定学本课堂的课型,最后由课型确定工具单的预习评价、教师预设问题和每节课的问题训练。做到学生通过结构化预习能基本完成预习评价,教师预设问题要体现本节课程需要掌握的知识。问题训练要能体现学本课堂的课堂反馈功能。通过开发工具单,迫使教师去学习和研究学科课程标准,研究教材和研究高考,由此提高了教师的专业水平。

四、学本课堂上的教师智慧导学,提高了教师教育专业的发展

课中按学本课堂流程进行智慧导学。根据课前的教学设计由学术助理主持教学,教师在课堂上智慧导学,深入小组巡视学生课堂参与学习情况并做好评价记录,对学生小组讨论展示不能解决的问题进行规范指导。在课堂上利用六种激活策略调动学生的积极性,加强师生交流,充分体现学生的主体作用,让学生学得容易,学得轻松,学得愉快;注意精讲精练,在课堂上教师讲得尽量少,学生动口动手动脑尽量多;同时在每一堂课上都充分考虑每一个层次学生的学习需求和学习能力,让各个层次的学生都得到提高。学生普遍反映喜欢上物理课,就连以前极讨厌上物理课的学生都乐于上课了。通过学本课堂的实施,教师由之前的只关注自己的教转变为重点关注学生的学,思考如何激发学生的学习兴趣和提高学习效率及学生终身学习能力,通过学本课堂的实施,教师明白了教的本质是为了不教,这促进了教师专业的发展。

五、备课组活动集体研讨工具单,提升了教师的团队意识和合作意识

实施学本课堂以来,我校要求备课组活动重点研讨和开发工具单,讨论学本课堂的具体实施策略。在备课组活动前,相应教师根据备课组的安排进行结构化备课并开发好相应工具单发备课组群里,其他教师提前进行审阅并写好发言提纲。在备课组活动时提出自己的观点,集体研讨工具单,使开发出来的工具单质量更高,更适合大多数学生。通过学本课堂的备课组活动,组内教师的团队意识和合作意识得到提升。

六、学本课堂三研两会,提高了教师的班级意识和问题解决意识,使教师的教学更高效、更专业

学本课堂要求备课组、班级和各学科教师定期召开班级教育团队会议和学科教育团队会议。及时解决备课组、班级和各学科存在的问题。通过学本课堂的三研两会,加强了组内教师、班级任课教师和各学科教师与学生之间的沟通与交流,提升了师生的合作意识、团结意识和问题意识,使学生的学习更高效,教师的教学更精准更高效。教师的教学不仅要关注学生的学习行为,更要关注学生的思想动态,树立问题意识和效率意识,提高教师的教育专业水准。

七、备课组组内公开课和学科中心的深度研课,促进了教师教育教学的专业发展

实施学本课堂以来,学校教研室要求每位教师每学期必须上一节组内公开课,每个备课组必须上一节学科公开课并进行深度研课。通过组内公开课,教师之间互相取长补短,通过课前备课组活动对公开课主题的讨论设计,课堂上具体的实施和课后的组内和学科中心的深度研课,教师们对学本课堂的认识更深刻了,对学本课堂的各种课型的流程更熟悉了。通过观课和深度研课,每位教师更能体会学本课堂的魅力,从而从思想上接受了以人为本的学本课堂的改革。

八、学本课堂五级评价的落实,使教师体会到正确及时的评价对提高教学效率的重要性,促进了教师的专业发展

学本课堂全程强调五级评价的落实,五级评价的落实,可以提高学生的学习

积极性，激发学生学习的动力。多元评价的落实，可以增强学生学习的成就感和没有完成学习内容的愧疚感，学本课堂的五级评价的实施，使教师意识到对学生学习过程及时评价的重要性，同时也促使教师想方设法思考各种评价的策略，从而促进了教师的专业成长。

九、学本课堂工具单文件夹的整理，教会了教师正确整理和使用好自己的工具单文件夹，促进了教师专业的成长

通过学本课堂对不同年级不同学习阶段工具单文件夹的整理，师生学会了对不同的工具单文件夹进行收纳整理并进行正确的使用。教师意识到学习习惯的重要性，也在以后的教学中知道如何使用工具单文件夹。

总之，学本课堂的实施，使教师从传统的只重教师的"教"，轻视学生的"学"中走了出来，使教学更注重学生的"学"。它是真正符合教育本质的教学方法，注重以人为本，从改革课堂教学形态入手，让课堂变得更加生动和高效，让学生成为学习的主人。通过学本课堂的实施，大大促进了教师的专业成长。

学习韩立福学本课堂得与失

2018级物理备课组　高云春

一、学本课堂的先进教育理念

我们传统的课堂教学是一种教本课堂模式,即教师的知识讲授课堂,依靠教案;教师的导学课堂,依靠导学案、教案,同样我自己也是以教师的讲授为主,学生主要以被动地接受为主,学生大多数时间都是跟着教师的引导思路走,没有自己的创新思路,学生的思维得不到锻炼、得不到拓展,形成了一种跟随式的学习模式,没有教师的引导学习,学生就不知道如何学习,不会灵活运用知识。学本课堂是自我导学课堂,学生自己发现问题,自己解决,在这样的教学模式下,学生的思维得到拓展和创新,不再是机械地模仿和照搬了。我们现在的课堂改革实现了从"教本"到"学本"质的跨越。我们从传统的课堂—教本课堂到问题导学课堂—学本课堂;从教本课堂以教师讲授知识为主,学生听讲达到目标,到问题导学课堂以师生共同解答问题为主线,进行自主合作探究学习达到学习目标;在教本课堂上师生是上对下的领导和被领导的关系,在问题导学课堂上师生是真正意义上的民主、平等、合作的关系。在这两种不同的教学方式下,教本课堂以教师讲授为主,部分学生缺乏学习兴趣;而在学本课堂上,学习者都能在课堂上体验到成功、体验到快乐;学本课堂上的师生关系是真正意义上的民主平等合作关系,所以,在这样的课堂上,师生的各种称谓发生了改变。教师被称为大同学,在新的小组合作学习中,教师参与其中的一个组,和同学们共同创造一个学习场。学生在班级形成一个学习系统,这个学习系统分为两个学习体系,即行政体系和学术体系。行政体系由主任助理(也就是班长)、小组长和其他成员组成,主要负责小组内的同学认真学习,督促组员学习;学术体系由学术助理(以前的学习委员)、学科长(组内每人都担任一科的学科长,组织本组讨论交流)和成员组成,主要负责组员学会知识。组内成员个个都是学科长,人人都是领头雁,如此一来提高了学生的责任意识和合作意识。

二、自己在学本课堂上教学的不足之处

我通过反思两年高三学本课堂的教学情况,认为自己在学本课堂的各个环节上都没有做得很好,或者说各个环节没有衔接好,导致整体的教学效果出不来。学生的基础知识仍很薄弱,学生的自学能力仍很不够,加之自己对学本课堂各个环节都没有真正地理解吃透,因此尚有很大的提升空间。

三、自己今后在学本课堂的努力方向

(一)学生方面能力培养策略

1.培养学生的结构化预习能力

结构化预习指的就是在预习时做到目标结构化、知识结构化、问题结构化。具体采用"阅读六字诀"进行预习,即查、画、写、记、练、思。查就是查着工具读,查公式,定理,数学知识背景等,凡是自己能动手查到的就自己解决;画就是画着重点读,画课后要求记住的概念,定理,公式等;写就是写着感想读,这可以体现学生的理解程度;记就是记着内容读,做到熟记于心;练就是练着习题读,实现作业前置化、全程化、全优化,这样可以使学生在读时发现问题及时解决,最终实现简单问题书本化,复杂问题工具化;思就是思着问题读,把自己在读的过程中产生的问题写下来,解答不了的上问题工具单。此过程先由教师指导完成,时间长后学生自主完成,启用阅读评价环节,实行五级评价机制,保证预习质量,使学生预习后能达到75分以上。

2.培养学生的自主合作展示学习能力

学生自主学习采用"三定"123策略,三定即定时间、定任务、定问题,如"下面用10分钟进行自主学习,内容为几页到几页,围绕工具单上几到几题进行学习"。123指在学生自主学习时,教师要做到1要闭口不说话,2要巡查观看,对学困生的指导声音控制在三度以内,3要心照,就是教师根据学生的学习质量随时调整时间,保证学生真正静心独立完成。

学生的合作学习采用讨论组小组方式,采用小组学习12345加2策略。具体这样操作:当学术助理说讨论开始,学科长喊起立、聚首、分配任务、小组讨论、组员间评价,为了方便书写可以坐立自如,为了组间交流,可以行走自如,真正让教室成为学生学习的学习场。

学生的展示交流,采用展示对话学习"六字诀",即展(展讲、展写等)、思、论、评、演、记。学生在展讲过程中,要注意话语结构,遵循"破冰语—陈述语—讨论语—结束语",还要把握说话的时间、语言简明扼要、切合问题,最后要注意仪态大方、声音洪亮等。小组展讲时,要求同学们认真倾听,及时加入讨论,并做好记录。如果学生们不讨论,教师要善于扮演打火机的作用,让学生们讨论起来,让课堂活起来。

3.培养学生回归复习策略

我们学过艾宾浩斯的遗忘曲线,知道学过的内容要经常复习以保证记得牢。为此,在学本课堂上,为了巩固所学知识,教师要求学生采用拓展学习六字诀,即纳、练、思、展、问、演。并且让学生写反思日记,以及回归评价和每个单元的回归复习,达到学生遗忘较少。

(二)教师方面能力培养策略

1.结构化的备课和设计能力

教师的备课,由以前的备知识转变为备问题,实现知识问题化,进行结构化备课,大单元备课。至今,韩教授的"问题之歌"我还牢记于心,他将问题分为四类:概念性问题、原理性问题、习题性问题、拓展性问题。全面把握教材,再结合课程标准和学生生成的问题,形成问题学习工具单,面向群体学生制定学习方案。

2.教师的智慧导学策略

在问题导学学本课堂中,教师首先要根据不同的课型设计不同的工具单教学方案。组织新型小组合作讨论学习,使学生始终处于战斗状态,实现狼性学习。教师在课堂上关注学困生,做好"随堂记录评价卡",激发引导学困生,让课堂真正走向民主、开放、多元,教师采用一扶、二放、三退、四隐的策略,让学生逐渐勤起来,让教师逐渐"懒"起来。

3.教师的回归评价指导策略

在教本课堂上,我们教师往往根据教学计划要求进行复习,大量的时间放在批改作业上。在问题导学学本课堂上,教师组织学生进行单元回归评价学习,与学困生签订学习契约,教师应为学生提供多元发展服务,让学生成绩持续提升。

(三)如何创建新型合作小组

在问题导学型学本课堂上,学生主要是以小组为单位进行学习的,班级是一个大家,那么每个小组就是一个个小家。在小组内主要让学生学会学习,学会合作,以缩小成绩差距、大幅度提高学业成绩,要把小组建设成一个温馨之家,成员像兄弟姐妹一样团结、帮助、合作,没有嫌弃和排斥。在这个家中,学生们学会了交往,提高了社交能力,学生们既有合作又有竞争,竞争能力和适应能力得到提高。

自己在学本课堂教学中虽然还有很多不足之处,但是我坚信,只要自己目标明确,不断努力,在今后的学本课堂教学中,一定会取得很好的成绩。

浅谈学本课堂与物理学科素养

2019级物理备课组　余萌

很多年来,高中物理教学都以学习物理基础知识为重要指引,看清事实、理解概念、发现规律、实际应用是物理教学的主线,随着近年来国家经济的飞速发展,国民生活水平的日益提高,互联网+、工业体系3.0时代以及知识大爆炸的快速到来,人民群众对教育的重视程度也日趋增加,新课程改革也由落实1.0"双基"目标向2.0三维目标迈进,最终发展到现阶段3.0的核心素养。

我在物理教学中发现,一部分学生通过学习,只是简单记住了物理概念,掌握了几条相关公式,导致只能解决课本上的几道题目,碰到变形题仍一头雾水,这与教育改革的初衷背道而驰。从根本上来看,原因是有一些学生习惯采用题海战术应对应试教育;更重要的原因是现阶段教学理念、模式、方法的滞后,与社会发展严重脱节,无法满足人们对教育更高的需求。本人从对新课标的认识和理解加上近期实际教学中的一些感悟,从三个梯度简单谈谈如何在物理课堂教学中培养学生的科学素养。

一、教学改革的背景

学校在2019年9月启动了学本课堂的教学模式,改变了以往教师满堂讲的传统教学模式,学生成为学习的主体,学生变得积极主动,亲身体验了发现问题解决问题的过程。学生通过自主学习,合作学习掌握了知识,提高了学科素养。

二、物理学科核心素养

学科核心素养是指学生在相应教育环境的学习过程中,逐渐形成的一种适应社会需求和发展的独特品格和能力,是科学素养的必要组成部分。

物理学科核心素养的四大要素:

1.物理观念:能用物质、时空、运动、能量等相关概念解释自然现象、解决实际问题。在物理学科教学中要让学生通过物理知识的学习,形成从物理的视角认识事物和解决问题的思想、方法、观点,对于物质、运动与相互作用、能量等形成基本的认识。

2.科学思维:具有构建理想模型的能力,从定性和定量的角度进行科学推理。在物理学科教学中,要通过对学生科学思维的训练,用科学数据进行分析、论证,对研究的问题进行描述、分析和判断。

3.实验探究:原标准"七要素"的提升。在物理学科教学中,要让学生经历探究过程,领悟科学探究方法,发展科学探究能力,能够提出问题、形成假设,并通过科学方法检验求证、得出结论,体验科学探究的乐趣,养成勇于创新的科学精神。

4.科学态度与责任:包括科学本质、科学态度、科学伦理、STSE等要素。物理教学不能被知识所牵绊,应该挖掘知识建构过程中的情感因素和内在价值,通过相应活动培养学生强烈的爱国情怀、积极的人生态度以及实事求是的科学精神。

三、学本课堂模式在教学中的优势

1.重视教学设计,引导学生的学习兴趣

传统的物理课堂教学主要是教师在上面讲、学生在下面听,一些学生不能参与其中,不能发挥学生自身的主观能动性。长此以往,学生在课堂上缺乏独立思考和分析,在实际生活中遇到问题就不会变通。托尔斯泰说:"成功的教学所需要的不是强制,而是激发学习的兴趣。"培养学生发现问题、分析问题、解决问题的能力,要从根源想办法。这要求新时代的教师重视教学设计,在备课阶段把问题精细化,并提前在头脑中预演课程方案。在教学过程中应鼓励学生的有效教学行为,培养学生的核心能力,激发学生的学习兴趣,使学生由苦学、难学、死学、厌学变为乐学、会学,并逐渐引导学生定期进行学习小结和阶段反思。

2.优化教学模式,小组团队合作学习机制激发学生的学习动力。传统的物理课堂教学通常以物理概念教学为主,对学生探究实验中提出问题、猜想与假设、设计实验、进行实验、实验数据的收集和整理、得出结论、分析和评估等方面的要求缺乏足够的重视。要把物理学科核心素养渗透于日常教学中,就要改变现阶段的教学模式,更新教学理念、优化教学模式。在课堂教学实践中,可以根据课题的实际情况,采用情境导入、合作探究、研究学习等多种教学模式拓展学习思维,提高学生学习物理的兴趣。

3.师生互动,生生互动形成合力。很多学生在学习物理时,很容易拿其他科目的学习方法生搬硬套。学了一段时间后,看到课本内容和复习的习题册时就对物理产生了畏惧感,因此需要指导学生建立学习方法、激发学生学习兴趣、增强学生学习信心、培养学生科学品质。物理是以实验为基础的自然学科,一切物理现象皆来源于生活,教师应引导学生观察生活中的例子并加以分析,这样可以增加学生和物理之间的亲密度,使学生不惧怕物理。本人在教学期间组织过物理实验兴趣小组、生活大揭秘等一系列社团活动,指导学生在现阶段利用手中的现有资源进行合作探究,鼓励学生将课堂上学到的知识学以致用,以此提升学生的科学品质。

4.培养学生的创新精神,质疑精神。学生可以多方位地感受课堂、参与课堂,达到以学生为主体,教师为主导的设计初衷。为学生的自我展现提供了时间和空间,学生在课堂上感受到了科技的力量,自主融入科学探究的世界中,逐渐具有了创新精神。

教学的艺术不在于传授本领,而在于激励、唤醒和鼓舞。作为教师的我们,更像是开启科学大门钥匙,指引学生迈向科学殿堂的引领者。在这个过程中,我们要引导学生形成崇高理想,形成正确的人生观和价值观,并学会感恩、热爱生活。这是伟大时代赋予我们人民教师的神圣使命。

学本课堂的感想

2020级物理备课组　张小冲

为了提升教育教学质量,实现麒麟高中跨越式发展,深化课堂教学改革,进一步推进素质教育,我校决定实施学本课堂。学本课堂彻底转变了教师的教学方式和学生的学习方式,提升了学生自主探究、合作学习的能力,提高了课堂教学的效率,让学生成为学习的真正主人。教师也从传授型教师转变为学习型、研究型,进一步向专家型教师迈进,下面谈谈我粗浅的感受:

一、教育观念的转变

学本课堂的引入改变了我的教学方式,原来我都只用一种上课方式上课——教师讲,学生听。这种传统的教学方式,教师很累,效果还不一定好。在此感谢校长引入学本课堂,给教师带来了改变,学本课堂引入有一年半,上一届高三时用学本课堂进行第一轮复习确实有很好的效果,学生成绩有较大提高。

二、学习方法的转变——工具单导学

学生是学习的主人,原来课堂上是教师直接讲授,并没有更多地留时间给学生自主预习,学本课堂要求学生结构化预习。学生结构预习采用六字诀;查——工具、画——重点、写——感想、记——内容、练——习题、思——问题;采用自主学习"三定123"策略;每一节内容都有一个工具单,结合工具单完成课本上基本知识的学习且用QA学习法。采用6遍法阅读文本,教师要求学生认真对待并加以思考讨论,并把控问题。

三、小组团队合作学习

组建小组团队有利于解决自己不会的问题,小组内开展有效讨论对话的意义在于学会合作交流、解决问题,培养学生的合作学习能力。学生互相帮助,确立学生就是最大教育资源的新理念,形成"点对点"的帮扶机制与管理格局;改变传统讲授型课堂的教师主讲、学生接收、生生独立的局面。在开展小组合作学习的过程中,要防止小组合作学习形式化,以达到真正意义上的合作交流学习。

四、单元回归和能力测试评价课

传统课堂通常是教师先讲,学生后练,即教师讲授方法与示范例题在先,学生在教师讲完之后,按照教师的教学思路与方法进行练习。这样导致学生被动地接受教师的方法,难以有自己的深入体会与创新。先练后讲,打破了传统的课堂教学方法,使学生练习在前,教师讲授在后,学生在自己练习的过程中,形成自己的解决思路与方法,之后让学生在小组内展开讨论,接着让学生讲解。再通过教师的点评与讲解,获得新的启迪与发现。

总之,我在以后的教育教学中要进一步规范学生的学习行为,进一步落实每一堂课、监督落实每一次作业、每一次考试改错知识整理,实现提质增效。

浅谈学本课堂之"小组合作、团队学习"

2020级物理备课组　何文强

一、高中物理课教学现状

过去的高中物理课,一方面,教师比较注重对课堂的控制,教师就是高中物理课中的权威,同时忽视了高中生思维的发展。高中生的自学能力以及探究能力始终没有得到成长。另一方面,在高中物理课中,经过对诸多物理知识的学习,高中生始终注重对知识点的机械性记忆,缺少主动学习的意识,对一些物理实验,也缺少亲身的操作和经历,仅仅是借助教师进行讲解,以提升自身对物理知识的认知以及理解,这导致了高中生无法在高中物理课中有更多的积极性。

二、合作学习在高中物理课中的应用

(一)对高中生科学划分小组

在高中物理课中开展合作学习,教师要对高中生进行合理分组,对高中生的情况要有基本掌握,为分组做好准备,另外教师对高中生分组的时候,不仅要对高中生的成绩排名进行考虑,还要考虑高中生自身的自学能力以及对学科的学习态度。教师应保证各小组的整体学习实力,基本上是保持一致的。小组内的成员则是要注重多元化,处于不同的学习层次。这样在合作学习中,小组内的成员相互补充,优生对后进生可以起到一定带动作用。

(二)创设学习情境

合作学习开展之前,教师要注重教学情境的设计,结合高中物理课的内容,为高中生的合作学习,准备好创设情境的材料。合理进行情境设置,可以让高中生在合作学习中,迸发出更高的热情,从而让合作学习的效果更加理想。另外高中物理课的内容,与现实生活是有着紧密联系的。教师要借助对现实材料的应用,创设出与高中生现实生活密切相关的情境,提升高中生对学习情境的亲切感,激发高中生的学习热情。比如在高中物理课中,借助打点计时器测量加速度,教师可以让高中生自行选择其他的素材,进行生活化实验的设计,并进行数据的整理以及分析,得到正确的实验结果。教师要借助合作学习的有效实施,促进高中生实践能力以及自学能力的提升,并在合作中体会到物理探究的魅力。

(三)进行平等教学

教师要想在高中物理课中,良好地开展合作学习,就要设计出合理的合作学习模式,在实际的教学中营造出民主以及平等的学习环境,高中生在相互合作后,也可以独立进行思考,然后相互之间交流想法和结果。这样高中生之间就能形成平等沟通的关系。另外教师也要注重自身的参与,不要置身事外,而是要时刻观察各个小组的学习情况,一些小组遇到难题的时候,教师不要直接进行指点,而是要适当渗透一些方法或者原理,对高中生进行点拨,启发高中生的思维,从而让合作学习更加顺利。教师要注重在合作学习中自身所承担的是引导作用,借助适当的参与,为高中物理课营造出和谐的氛围,提升高中物理课的整体质量。平等教学的开展,需要教师进行适当组织,并且要在合作学习方法方面给高中生适当的指导。

总之,在高中物理课中开展合作学习,符合新课标对高中物理课的要求,教师要注重对合作学习的合理组织,借助合作学习的形式,给高中生全方位的引导以及点拨,并借助对小组的划分,让高中生形成合作意识以及团队精神。

学本课堂帮助我转变与成长

2020级物理备课组　袁福绍

为了提高教学质量,实现麒麟高中跨越式发展,深化课堂教学改革,进一步推进素质教育,我校决定实施学本课堂。学本课堂转变了教师的教学方式和学生的学习方式,提升了学生自主探究、合作学习的能力,提高了课堂教学的效率,让学生成为学习的真正主人。教师也由传授型教师转变为学习型、研究型教师并进一步向专家型教师迈进。下面谈谈我粗浅的感受:

一、课堂促进我转变教育观念

(一)变"传授"为"指导"

教育的核心,不是教师传授知识的多少,其目的,是培养和发展人。在以往的教学中,我们的教育可概括为六个字:教师讲、学生听。教育的主体是教师,学生是被动的、机械的接受者,这不利于学生的能力发展与思维训练、个性培养等。为此,学本课堂把教师由传授者立即转变为指引者,学生一切知识的获得,应由他们自己去亲身实践,去探索。要做到这一点,关键在于教师如何去引导,如何去激发学生的思维。

(二)变"授之以鱼"为"授之以渔"

我们不能给学生一条鱼,要给他们鱼技,即要"授之以渔",不能"授之以鱼"。教育不是培养教师,而是发展学生,在教学中,我们要充分发挥学生的想象,发展学生的思维,在学生的自学中引导他们明确学习方法,并灵活运用其方法解决不同的问题,培养他们的灵活思维能力和创造思维能力。

(三)变"师问"为"师生共问"

学生是学习的主体。过去的教学,总体上呈现出一种固定停滞的状态:师问—生答—师小结。实际上,这样的教学已在不同程度上影响和阻碍着教育的改革与发展,尤其影响着学生的自身发展。学本课堂让学生提出问题并解决问题。这样,学生的个性得到体现,他们思维活动空间扩大了,创新的能力得到发展。教育的目标得以有效实现。

(四)变"苦学"为"乐学"

传统的教学只重视学生的"认识"这个单一学习过程,忽视了情感和意志对"认识"过程的调节和优化作用,把"教书"与"育人"分开,忽视了在教学过程中对学生的情感和意志等心理品质的培养。学本课堂重视学生的情感与意志,努力构建有利于学生主动积极学习的环境,保证学生高质量的学习。

二、课堂促进我提高教学技能

(一)提高控制课堂教学的能力

教师对于课堂教学的组织、驾驭能力,是完成教学任务、实现教育目的根本保证。影响课堂教学控制的因素是多方面的,其中课堂教学的外部环境、学生的实际水平、教材等等,都会对课堂教学控制产生影响。而教师的水平是影响课堂教学控制的主要因素,学本课堂促使教师提高课堂驾驭能力。

(二)提高运用语言水平

课堂教学语言是一种工作语言,它受教学规律的制约,受各学科性质的支配。在教学中,教师的语言表达方式和质量,制约着学生的智力活动方式和效率。科学地使用教学语言,是实现课堂教学控制的保证。课堂教学语言应具有科学性。课堂教学的主要任务之一,就是向学生传授系统的科学知识。学本课堂要求教学语言必须具有科学性,做到准确、精炼、有条不紊,合乎逻辑,具有启发性。

(三)提升应变能力

在学本课堂教学中,教师必须具备能够处理各种意外情况的能力,及时处理学生的反馈。教师应弄清学生的希望与困难,并根据这些信息及时调整教学节奏,使其张弛适度。特别是对学生的稍纵即逝的有价值的信息,教师要及时捕捉,合理利用。

三、学本课堂促使我体验教师生命价值

从"长者为师""能者为师"到"学高为师","师者"身份的转变隐约折射出人类社会发展的轨迹。时至今日,教育以"一切为了每位学生的发展"为核心理念,人们普遍认同的是"能促使学生发展者为师"的标准。在教学过程中,教师和学生是一个整体。从课堂的教学质量可以看出教学对教师个人生命价值的意义。一个教师一辈子从事学校教学工作,就意味着他生命中大量的时间和精力,是在课堂中和为了课堂教学而付出的。每一堂课都是教师生命活动的一部分。因此,课堂教学不只是对学生的任务,同时也是自己生命价值和自身发展的体现。教师的价值能透过课堂得以充分地体现,但提升价值的前提是教师必须存在价值,且不断地挖掘自身的价值。教师应积极了解学生的需求,挖掘自身的潜在价值,甚至发现自己的不足,及时地补充"能量",及时地自我增值。

我对学本课堂的理解

2018级化学备课组　周丽华

为了更好迎接"新课改""新高考"的到来,我校积极做着多方面的准备。2019年9月,学校在经过多层次、全方位的考察后,引进了由"韩立福"博士创建的新型课堂教学模式:学本课堂。经过韩博士团队专家的多次培训和将近一个学期的课堂实践,我对"学本课堂"的内涵、操作模式,有了一定的了解,现特撰写成文。

一、学本课堂的内涵

学本课堂是以学习者为本的课堂学习活动,其中的学习者包括学生、教师及参与者,不是以学生为本的生本课堂。

学本课堂可以从"内涵、形式、手段、主体、未来"等方面进行多层次、多类型的分类,结合我校实情,韩立福博士团队为我校确定了"问题导学型学本课堂"的课堂教学模式。

二、问题导学型学本课堂的内涵

"问题导学"型学本课堂是指师生以问题学习为主线,围绕问题开展自主合作探究学习,单位时间内解决问题,实现学习目标的课堂活动。它的内涵为"构建",包括自我构建——对话构建——活动构建——思维构建。它具有以下不同于传统"生本课堂"的特征:建立"大小同学"式和谐关系、将问题要素嵌入课堂学习、由单一课型走向多元课型体系、采用主动型构建式的学习方式、创建小组合作式团队学习平台、使用"多元"问题学习工具单。

三、实施"问题导学型"课堂教学模式应具备的素养

教学不能打无准备的仗。为了能有效实施"问题导学型"课堂教学模式,韩博士的团队专家对我校一线教师进行了一系列的培训,主要包括以下五方面:

(一)创建新型小组合作团队学习机制

小组合作团队学习机制是"形、神、实"三位一体的教学工程。其目的在于:通过小组合作团队学习,让学生学会自主合作学习,逐步缩小学生学习差异,大幅度提高学业成绩;通过小组合作学习,让学生学会合作交往,提高社会化能力。此项工作主要由班主任带领同学们完成,具体内容包括:

1."形"的具体内容包括

(1)桌椅摆放形式:建议U、O、品字形

(2)小组人员确定:建议4、6、8的偶数制

(3)学生人员的构成:性别、性格和能力的综合衡量

(4)组织方式设置:性别、性格和能力等因素的最优化组合

2."神"的具体内容包括

(1)愿景建构。学生层面要求做到人人有愿景、组组有愿景、班班有愿景;教师层面要求:工作愿景化、专业愿景化。

(2)角色创新体系。学本课堂模式下,将传统的"学生、教师"角色进行了创新,对各角色的职能进行具体安排:组内增设"学科长",形成生生是代表的局面,"课代表"创新为"学术助理",负责本班本学科的学习,"学习委员"创新为"学习长",负责全班全学科的学习,"班长"创新为"主任助理",协助班主任对全班的学习进行管理,"教师"创新为"大同学"。

(3)建立双元体系。为规范各自职能,成立"学术体系"和"行政体系"。其中,"学术体系"由任课教师、学习长、学术助理和学科长构成,负责本班所有学科的学习质量;"行政体系"由班主任、主任助理和小组长构成,负责为全班所有学科的学习行为提供行政支持。

(4)召开团会。为形成学习的最大合力、加强团队意识,创建了团会加油站。

召开学科团队会议(周开),研究学习方法、"学困生"转化和学习效果;培养责任意识和团队合力:学科教师、学术助理和学科长参加。时间20分钟,学术助理主持记录。

召开行政团队会议(周开),研究学习方法、管理和效果;培养责任意识和团队合力;班主任、主任助理和小组长参加。时间20分钟,主任助理主持记录。

召开教育团队会议(周开),研究全班各学科学习方法、"学困生"转化和学习效果;培养责任意识和团队合力;班主任和学科教师参加。时间40分钟,班主任组织主持记录。

(5)制定团队公约。都说"没有规矩不成方圆",为了规范学生的合作行为,提高合作能力,各小组应根据本组的实际情况制定团队公约,并制定可行的违反公约的处罚条例,做到公约面前生生平等。

(6)确定五级评价机制。自我评价、同伴评价、学科长评价、小组长评价、学术助理评价。

(7)布置组织环境。全班同学在班主任的带领下,建立组名、组牌、组训、口号、愿景、目标、组歌等等;落实每个学生的角色和职责,全方位营造学习氛围。

3."实"的具体内容包括

(1)个体学习愿景化

(2)同班学习合作化

(3)小组学习承包化

(4)全班学习最优化

(二)培养学生的学习能力

在"学本课堂"背景下,韩立福博士的教育团队提出了学生应该具备的"十大学习能力",根据我校实情,培训团队针对高一、高二教师就其中的四大学习能力进行了理论培训和教学实践。

1. 结构化预习能力

高二化学备课组对学生结构化预习能力的要求

步骤			内容	遍数
个体操作步骤	一读	保证阅读遍数	课前:借助课本、《优佳学案》,知识链接及其他资料,保证阅读3遍 课中:在回答讨论问题当中,争取读到2遍 课后:回归复习阅读2遍	
		使用"阅读六字诀"	查(查着工具书读):像读语文课本那样,通读一遍教材上本节的所有内容,有读不懂之处可以做标记,并通过查阅之前的教材,笔记,教辅,网络,向同学、老师咨询等方式,将问题弄懂	1遍
			画(画着重点读):化学课本上的重点一般包括:定义、原理、过程、公式、方程式、图、表、实验(黑色笔画线、荧光笔画圈)	1遍
			写(写着感想读):将画出的知识点,转化成问题 转化方法是:"三问四W法" "3问"【Q1:概念、原理、过程是什么?Q2:图、表、实验、文字说明的含义是什么?Q3:你会做例题吗?(遮纸法、仿题法)】 "4W"【1W:含义是什么?2W:意义是什么?3W:发现了什么?4W:学会了什么?】(蓝色笔记录问题答案) 如果涉及实验的内容,可用"问题式实验预习法"进行问题呈现【Q1:这个实验的名称或主题是什么?Q2:这个实验的目的是什么?Q3:这个实验的主要步骤和方法是什么?Q4:这个实验的结论是什么?Q5:通过这个实验我发现了什么?Q6:通过这个实验,我学会了什么?】 问题的转化格式为:例如,Q1:有机合成的概念是什么?A1:我认为,有机合成的概念是…… 关于问题的答案:事实性知识直接用课本上的语言描述,理解性知识建议在深度理解后,用自己的语言加以概括	1遍

我对学本课堂的理解

续表

步骤			内容		遍数
		记(记着内容读)	背诵上步中写出的所有问题,首先自己背诵,然后小组内同伴间互相提问,确保背诵效果		3遍
		练(练着习题读)	练习内容包括:思考与交流、学与问、例题、科学探究、课后习题(对于这些习题,会的、不会的、不能全理解的打上标记)		1遍
		思(思着问题读)	将前面几个环节中不懂的地方以问题形式标注在文本末尾(格式为,我的问题是:Q1:……?),对于这些问题的处理可以在小组内讨论或者向同学求助,如果同学之间处理不了的,上报学术助理,再由学术助理向大同学寻求帮助,或者上课前由学术助理将共性问题板书在黑板上,再由大同学进行讲解		1遍
	二导	完成"问题综合解决评价单"和"问题训练单"(本学期直接使用教辅上的配套检测)	先看后做,合书而做,先易留难,独立完成(将不会做的、有疑惑的进行标注)		
集体层面	三评	五级评价(学科长组织)	自我评价	学科长宣布:"同学们!现在开始自我评价。"每位成员在单位时间内进行自我评价	
			同伴评价	学科长宣布:"同学们!现在开始同伴评价,面对面互换。"每队成员单位时间内进行合作评价	
			学科长评价	学科长宣布:"同学们!大家有什么困惑没有,我来帮助大家。"每位成员的困惑得到解决,如果学科长也不会可以请教大同学或请大家帮忙	

151

续表

步骤	内容		遍数
五级评价（学科长组织）	小组长评价	小组长宣布:"大家是否全部完成了?"检查所有成员的完成情况	
	学术助理评价	学术助理自行安排时间,巡回检查各组的预习效果	
问题生成		各小组学科长利用"小组问题生成单",组织生成小组共性问题,学术助理负责收集整理,并合成全班问题	

2.自主独立学习能力

(1)定义:学习者能够有计划、有目标地自主进行高投入的独立学习能力,其意义在于培养自主独立学习的好习惯。

(2)指导策略:三定123+三小策略,即"定时间、定任务、定问题"+"单位时间+独立完成、自我评价"

(3)自习课策略:理念是"自习考场化,自学考试化",要求是"三零一高",即零抬头、零说话、零动作、高投入。

(4)教师策略:123策略"闭口、巡观、心照"。

3.小组讨论学习能力

(1)定义:组内开展有效对话,有效解决问题,培养合作学习能力。其意义在于:学会合作学习、解决问题、培养小组内有效对话。

(2)策略:12345+2策略,即"起立、聚首、开口、讨论、评价"+"坐立自如、行走自如",此环节由各小组的学科长组织完成。

4.展示对话学习能力

(1)定义:通过对话来解决问题的一种展示型学习能力,其意义在于培养展示学习能力,促进多元思维发展,培养表达、交流、对话、质疑、批判的精神和能力。

(2)六字诀:展(讲)、思(考)、(讨)论、评(价)、表(演)、记(录)

(3)展讲过程中的八小策略

"构建话语结构":完整的展讲结构包括破冰语(同学们,大家好,我是xx,下面我代表xx组展讲x问题,请看黑板)、陈述语(经过我们组的讨论,认为该题有以下三点,第一点是x,第二点是x,第三点是x)、讨论语(我们组展讲完毕,请问大家还有什么疑问或补充吗?)、结束语(我们组的展讲结束,谢谢大家)。

"注意展讲礼仪规范":要求仪态大方、声音洪亮、表述清楚。

"采用1+3+1展讲模式":一人或一组的展讲引发三人次讨论或补充,最后有一人做规范陈述。

"遵循展讲三度原则":时间度、言简度、适切度。

"落实三展策略":预习中暗展、讨论中预展、展示中明展。

"三即策略""三秒间策略""边走边讲策略":这三个策略可综合应用,在学术助理下达展示指令后,要展讲的同学立即起立、立即走向讲台、立即展讲。

(三)培养教师的智慧导学能力

1.课前的结构化备课。对教师的要求是:制作出全景式的评价表、开好工具单、设计出"学习方案"、指导学困生预习、备课组研讨室严把质量关。此外,团队专家对传统备课的老三样材料"教材、教参、教辅"也做出了使用要求:"教材——只可使用,不可照搬,教参——只可参考不可固定,教辅——只可选用不可套用"。

2.课中的智慧导学。为了能真正实现"学本",教师在课堂中应该放开师生关系,放弃"师讲生听"的老方式,教学生学习方法,树立学习信心,然后退出课堂中心,退到真正需要帮助的学生或小组中间,在学生卡壳时指点明津,在学生争执不休时一锤定音!总之,教师应该全程抓实"一激、二评、三落实"策略。

3.课后的回归评价指导

"回"指的是每上完一个单元,组织单元回归测试,并针对问题再强化。

"评"指的是将过去的通过期末测试"一锤定音"式评价,改为过程性、多元化评价。对于具体的评价方式,我校各年级各学科已经制定出具体的评价体系。

(四)培养教师开发问题工具单的能力

工具单的种类很多,在培训阶段,我们在专家的指导下,进行了"问题清单""问题综合解决评价单"和"问题训练评价单"的开发;在实际教学过程中根据专家的建议,化学学科要开发的工具单是:"问题综合解决评价单"和"问题训练评价单"。以下是这两种评价单的结构和内容(以上学期教学过程中,高二化学备课组开发的两个工具单为例)。

《XXXXXX》问题综合解决—评价单

设计人：_____ 审核人：_____ 设计日期：_____

班　级：_____ 姓　名：_____ 日　　期：_____

【学习目标】（立足课标,有实际指导意义）

【重点难点】

【关键问题】（有覆盖面、拓展适度）

【学法提示】（学生学习本节内容需要查资料的内容、曾经学过但又忘了的相关知识）

【知识链接】（涉及本节知识,但学生还没学过的,作为信息给出）

【预习评价】（基础内容,针对学生的结构化预习进行检测的练习题）

1.

2.

…………

【教师预设】（涵盖本节的重难点知识,如：原理性问题、习题性问题、拓展性问题）

1.

2.

…………

【多元评价】

自我评价	同伴评价	学科长评价	小组长评价	学术助理评价

《XXXXXX》问题训练—评价单

设计人：_____ 审核人：_____ 设计日期：_____

班　级：_____ 姓　名：_____ 日　　期：_____

1.

2.

3.

4.

……………

(五)熟练掌握课型和对应的课堂流程

在学本课堂教学模式下,韩立福博士的教学团队创建了"问题发现评价课""问题生成评价课""问题解决评价课""问题拓展评价课""问题综合评价课"共五种教学课型。立足高中化学学科的特点和学校实情,我校化学课的课型确定为:问题综合解决评价课,改课型的具体流程为:

第一步:创设情境,呈现目标

学术助理发出上课指令,点明本次课的学习主题和目标,让学生齐读目标(课前由学术助理板书在黑板上),给3—5分钟让同学们回顾教材。大同学巡视检查学生结构化预习情况。

第二步:预习评价,生成问题

由大同学在黑板上讲解,学生在结构化预习中存在的需要集中处理的问题(课前由学术助理板书在黑板上)。如果该课时文本难度大,大同学可带领同学们对知识主线进行梳理。

第三步:合作探究,展示交流

分发问题综合解决评价单,根据工具单内容,学术助理给出固定时间完成工具单上的"预习评价"和"教师预设"(定时、定任务、做到三零一高),然后小组讨论(认真落实12345+2策略)。其间,大同学巡视课堂,既了解同学们的情况,又对某些组、某些同学进行单独指导。在展讲环节(落实展学"六字诀"和"1+3+1"策略),大同学要充分利用课堂上的生成资源、充分发挥教育智慧,鼓励、引导、启发学生的讲解和讨论。对于学生们确实有难度的地方,大同学要用准确、简练的语言讲清、讲透。

第四步:问题训练,组间展评

此环节主要完成问题训练单,大同学的角色、作用,与第三步相似。

第五步:总结提升,归纳意义

大同学或者学术助理再对本次课所学知识、课堂表现做点评。

四、我们面临的挑战与收获

新的教学模式,带来新的挑战,主要体现在以下几点:

备课量极大地增加了!曾经,我们只要写好教案,做好对应的教辅题,课堂上便可无忧,如果再将课堂纪律盯好,课堂效率一般不低!现在,我们不仅要提前做好高质量的结构化预习,还要至少做三套教辅题,以便命制开发好质量的工具单,与学术助理沟通好上课的流程和内容,还要将课堂上学生可能生成的问题预料好,并做好对应的解答准备。可以说,课堂上我们看似闲下来了,可是,功夫却都花在了课外。

学本课堂带来新的挑战的同时,也给了我们极大的收获,主要体现在以下几点:

1. 将课堂还给学生,我们有更多的时间观察学生的表现,发现学生存在的问题,并及时加以解决。

2. 通过三研两会的不定期召开,我们与学生的距离近了,对他们的了解不仅仅停留在单一的分数上,师生多方面、更深入地沟通,师生关系更融洽!

3. 根据校长提出的"要求学生做什么,教师必须提前做什么",课前我们要认真研读课标,对教材进行结构化预习,做许多的教辅习题以便开出高质量的工具单,虽然累了些,但我们对教材、考纲的把握更透、更全面了。

五、我们存在的困惑

1. 如何教会学生高效进行结构化预习。

现状是:

(1)有些学生压根儿提不出问题。

(2)所提出的问题扣不住重难点。

(3)所给答案不准确、不精炼。

2. 如何有效激发学生的学习热情,让更多的学生真正参与讨论中?

现状是:部分学生的学习激情仅存在极短暂的时期,现在有明显的"怠",总是只有那么几个积极分子真正参与课堂中来。

3. 如何确保"整论、专论"有效性,甚至高效性?

现状是：学生结构化预习效果不一，在进行"讨论时"进度不一，尤其是在进行"专论"时，会的学生不愿再听，没预习的学生讲了听不懂，也不听！

正如韩立福博士对新教学概念的界定："教学的本质就是教学生学会学习。教学是遵循学生身心发展规律、认知发展规律，基于每位学生的需要，有计划地、有组织地通过自主合作探究学习，逐步指导学生学会学习，不断开发智力、丰富情感、发展能力，促进师生共同学习和成长的交往活动。"而学本课堂正是基于这个基础上所创建的新的、能最大程度激发学生学习潜能的教学模式。我们深知，课改路才刚开始，未来道阻且长！但我们有信心也有执行力！展望未来，我们必将做到："初见成效，我们不会骄傲，师生携手，我们必将崛起！"

学本课堂之我见

2019级化学备课组　冯尔娟

我校开展学本课堂已经快有两年的时间,在这两年里我们不断地学习、不断地践行;不断地摸索、不断地提升。原有的课堂已经发生了翻天覆地的变化,教师慢慢地退出了讲台,学生慢慢地动了起来,成为课堂的主人。从"教"走向"学"、从"困惑"到"惊喜"、从"成长"到"收获",我们一路见证学本改革路。

相遇

"该讲的我都讲了,为什么学生还是不会?"在多年的教学过程中,我一直在问自己这个问题,可一直也没有找到正确的答案,直到与"学本"相遇。韩教授的"学本理论"让我有所感悟,对一直存在心中的疑惑有了答案。以往的教学,我们只关注自己教什么,怎么教,但很少关注学生学什么,怎么学。所以教了不等于学了,学了也不等于学会了,学会了也不等于会用了。学本理论让我明白了学习是学生亲力亲为的事情,别人无法替代,教师的作用在于引起学习,维持学习和促进学习而不是替代学习。

困惑

学本课堂是以知识问题化为导向,以结构化预习为关键,以工具单为支架,通过小组合作学习、展示对话交流,培养学生新学习能力,训练学生思维和表达,体现学科素养教育和新课程理念的有效教学模式。但在学本课堂改革初期,突然从滔滔不绝的讲台走了下来,把课堂还给了学生,我很是担心。担心学生的结构化预习提不出有质量的问题,也不能把握重难点;担心学生的小组合作学习效率低,浪费时间;担心学生的展示对话学习条理不清楚,降低课堂效率。加上学本改革初期,课堂大部分时间用于培养学生结构化预习能力、小组讨论学习能力、展示对话学习能力,而这三大学习能力又是从零开始,学生动作慢,效率低,导致教学进度一时无法向前推进,我一开始感到手足无措,内心焦急。

成长

面对这样的困惑,除了积极参加学校组织的学本培训学习外,我也不断地研读韩立福教授的《韩立福与学本课堂》,学习学本理论,汲取精髓。同时在集体备课过程中我又不断地学习,不断地探讨和交流"学本改革"中存在的困惑以及改进的措施,然后在课堂中又不断地实践。慢慢地,学生的部分新学习能力逐渐得到了提高,结构化预习越来越到位,讨论越来越有效,展讲越来越顺利,质疑也越来越切中要点,我发现只要给学生展示的平台,他自己就会努力精彩地绽放,让你惊喜不断。

惊喜

这是一节普通的化学课,导学课题为《燃烧热能源》,课型为《问题综合解决课》、支持工具为《燃烧热能源》问题训练评价单、导学班级为19级04班。下面是学生对一道题C选项的展讲简述(其他选项的展讲略)。

【问题训练】已知H_2的燃烧热为285.8kJ/mol,CO的燃烧热为282.8kJ/mol。现有H_2和CO组成的混合气体56.0L(标准状况),充分燃烧后,放出热量710.0kJ,并生成液态水。下列说法正确的是( )

A.CO燃烧的热化学方程式为$2CO(g)+O_2(g)=2CO_2(g)$ △H=282.8kJ/mol

B.H_2燃烧的热化学方程式为$2H_2(g)+O_2(g)=2H_2O(g)$ △H=−571.6kJ/mol

C.燃烧前的混合气体中,H_2的体积分数为40%

D.混合气体燃烧后与足量的过氧化钠反应,转移电2mol

【小组代表甲】:下面我代表我们组来展讲这道题,我们用的方法是"列方程组法",设H_2和CO的物质的量分别为X和Y,则根据题意列方程组如下:

$$\begin{cases} X + Y = 2.5 \\ 285.8X + 282.8Y = 710 \end{cases} \quad 解得 \begin{cases} X = 1 \\ Y = 1.5 \end{cases}$$

可知 C 对。我的展讲结束,请问大家有没有疑问和补充?

【大同学】不惊讶,因为此方法是常规解法,所以在意想当中。

【小组代表乙】:我补充,我们组认为"列方程组法"解起来有点慢,我们有更好的方法。我们用的是"假设代入法",假设 C 选项对代入以后算二者产生的能量是不是 710.0kJ,如果是 C 就对,如果不是 C 就错。我的展讲结束,请问大家有没有疑问和补充?

【大同学】有点惊讶,此方法对于选择题而言,真的是个又快又好的方法。

【小组代表丙】我补充,这个方法虽然好,但只适用于选择题,如果是其他题型的话,就不实用。我们有更好的方法,我们的方法是"十字交叉法":

```
285.8        1.2
      710
282.8        1.8
```

可知 C 对。

【大同学】又惊讶又惊喜,惊喜学生用三种方法对这道题进行了解析,这在以往的课堂是没有的。我惊讶于"十字交叉法"从来没有接触过,但学生会自己使用。

以上只是众多学本课堂的一个缩影,像这样的出乎意料和惊喜还有很多。正是学本课堂中教师的隐退,成就了学生的精彩,带给了教师惊喜。

收获

教师退出了讲台,从关注"自己的教"走向关注"学生的学",由台前的"表演者"变成幕后的"指挥者"。教师不用在课堂上讲得"嗓子冒烟",像蜡烛一样燃烧自己,学生一样把知识学得很好,甚至更好。

学生由"被动地听"走向"主动地学",变得乐于学习,也逐渐会学习了。小组合作学习使学生变得善于合作和探究了,展示交流学习使学生变得自信和从容了,也敢于表达和质疑了。

课堂由"教师独秀"走向"百花争艳",学生动了,课堂活了。课堂中学生积极参与讨论、展讲、质疑,真正地动了起来,成了课堂的主人。在讨论交流中学生各抒己见,产生心灵上的碰撞直至达成共识,体验到了学习的乐趣,感受到了合作的力量。学生在展讲中锻炼了解题思维和语言表达,也体会了分享的快乐。

挑战

在学本课堂中,教师退出了讲台,这看似弱化了教师的作用,实则恰恰相反。这种教育模式对教师的要求更高了,教师的工作量也更大了,因为教师面对的不再是自己预设的课堂,而是一个灵动的、多彩的课堂。面对的学生不再是你讲我听、被动接受知识的学生,而是一个个已经进行了前置性学习、有很多疑问待解决的学生。这样的学生和这样的课堂给教师带来巨大的挑战。

挑战一:工具单的编写

"工具单"是学本课堂学习的支架,工具单质量的高低直接影响学本课堂质量的高低。如何开发出高质量且高效的工具单,是每一位教师面临的挑战。这要求教师不但要进行结构化备课,还要求备课组成员分工合作,集思广益。在这个过程中,教师需要不断地学习和研究,迅速地成长。

挑战二:教师业务能力的提高

在学本课堂模式下,学生的学习力越来越强,创造力也越来越强,教师不一定比得上。因此要做好教师,要有比原来更丰富的知识储备来应对变化的学生和变化的课堂。这一切都需要教师通过不断的学习进行自身知识的丰富与更新。教师的身份从教师变成大同学应该就是这个道理。

学本课堂改革转变的是观念,沉淀的是思想,升华的是方法。虽然学本课堂的开展已经有形有神,并初现成效,但我觉得对学本课堂精髓的掌握还需进一步的学习和思考,实践和反思。

学本课堂改革下教师专业化发展的几点思考

2018级生物备课组　罗继玲

在学校学本课堂改革的大环境下,作为教师必须转变教育观念,更新教学内容,改进教育方法,变革学习方式。必须清醒地认识到课堂教学改革对教师的挑战是深刻的,是全方位的,是前所未有的。学校学本课堂改革的两年,也是我学习新教法和新观念的两年,在这个过程中,我的备课组团队,指导我们的教授和专家,都从不同层面和方向上给了我指导和帮助,如何借助学本课堂来提升我的专业发展常常成为我思考的问题,现谈几点粗浅的思考与感悟。

一、关于学本课堂

学本课堂,是指以学习者学习为本的课堂。这里的学习者不是单纯地指学生,而是指教师、学生和直接参与者。也就是说,在学本课堂中,没有纯粹的教师,教师身份将发生本质性变化,教师是大同学。具体而言,学本课堂就是教师和学生协同合作,共同围绕着核心问题开展自主性的探究学习,在单位时间内解决问题,实现学习目标,促进教师和学生共同成长的学习活动。在师生关系方面,学本课堂有别于教本课堂,师生关系不是上对下的长幼关系、授受关系,而是真正意义上的民主、平等、人文和谐的发展关系。师生为了共同的目标而相互合作,相互帮助,追求的是一种真学习。在教学关系方面,师生之间不是那种传授和告知关系,而是合作学习,共同建构知识发展能力的关系。师生共同创建小组合作团队学习机制,创建人文、自由、开放、多元、和谐的学习氛围,让学生实现真实、自由、自主的阳光学习。通过学本课堂学习,我认识到教学最终目的是让每位学习者生命得到精彩绽放。

二、关于师生关系

教学不是主要依靠教师的教,而是依靠学生的学。我们经常会发现在教学中我们太自作多情了,很多时候我们一厢情愿地承担了许多工作,渴望学生按照我们设计的方向去发展,但教育不可能像修剪树苗对学生进行外在的改造,我们对学生所施加的影响都要通过他们进行自我认知、自我建构、自我发展、自我完善来达到。教育过程的主力和主人是学生而不是教师,我们只不过是学生自主发展的服务者,学习是生命成长的过程,它是人自身的一种需要,而不是外在压力的结果。教育的一切行为都应该是为了满足学生的这种需要,从而使他们内在的生命力,使他们的潜能得到充分的发挥。教师在课堂上应该给予学生充分的前置性学习的机会,放手让学生去讨论,思辨,能学会的自己学会,不能学会的创造机会让他学会,真正实现教育是为了帮助学生,而不是限制学生。教师不做"拉动学生的纤夫",而应该做"生命的牧者"。

三、关于学生

学生是天生的学习者,而不是一张白纸让我们涂抹。这告诉我们,一方面学生对学习充满了好奇欲望和创造欲,另一方面在他们生活的经历中积累了学习的资源和学习的能力,而不是一张白纸。人的起点非零,在基础教育阶段,所有的知识都可以在生活中找到,而不仅仅是在教材中。在教学中教师应该充分利用学生的学习能力,把知识符号学习和学生的生活结合,让学生自己去做、去发现、去研究、去感悟。教育应该在此基础上进行,充分尊重和依循生命的本质,教育才可能是"人的教育"。人的生命潜能才能得到充分的发挥,人的天性才能得到自由的发展。

四、关于教师的专业化发展

教师的专业发展离不开本人的努力和外部环境的协同作用。一个老师如果满足于为衣食而教,最终也只能成为一个教书匠;如果他把教育当作事业,认真地去做其中的每一件事,那么,他必然要去钻研业务,去学习新的教育教学理论,去研究教育教学规律,反思教育实践,追求教学艺术,不断提升教育理念和素养,提高教育教学水平。教师应该学会学习、与时俱进,养成苦耕不辍、终身学习的习惯。从某种角度说,学习已经成为每个现代人生存和发展的一个要素。作为一名教师,在专业成长的道路上学会学习尤为重要。

教师专业化发展,实质上反映了整个教师培养和管理模式的变化和转型。它包含了教师和学生之间关系的变化,体现了教师与教育管理机构之间关系的变革,隐含着教师地位的变化。当然,教师专业化也意味着教师对自己的责任和要求。我们学校的教师,应该以知识分子、优秀人才、社会精英的标准来要求自己,勉励自己;对于一个准备把一生献给教育事业的教师,都应该有这样一个积极向上、不甘平庸、实现人生更高层次目标的追求。当然,实现教师队伍职业化是一个长期的、艰巨的任务,要坚持不懈地做出努力。教师应该学会合作,双赢共进,形成取长补短的协作氛围,共创美好前景。知识经济时代,告别了单枪匹马闯天下的"孤胆剑客"时代而成为携手并肩走天涯"联手合作"的时代。所以,在学本课堂改革下关注教师专业化发展,建设教师发展学校,是形成一个具有凝聚力和战斗力的团队的关键。

学本课堂带来的是教师和学生的共同发展和成长。教学中封闭的资源和方式必将带来学习结果的单一和学生思维的僵化,于是学习变成没有个性的重复和验证、记忆,学生的思维和创造力都被禁锢;没有创造性的工作让教师在重复、单调中,滋生了麻木和倦怠,最后形成恶性循环,教师厌教学生厌学。在今后的教学中,我要继续学习学本教育理念,将学本教育深入开展下去,真正把学习的自主权还给学生,引导他们自己去探索,去发现,在反复验证的过程中学习知识,快乐成长,使他们真正地成为学习的主人,也让自己的课堂更加有魅力。

实施"PGG"学本课堂之感悟

2019级生物备课组　苏云飞

课堂改革是教育改革的具体体现,学本课堂是我校课堂改革的具体形式。将学本课堂的"理念"掌握好,学本课堂的"核心"理解好,学本课堂的"方法"贯彻好,学本课堂的"环节"实施好,是我们生物备课组重点解决的问题。

一、备课

学生要结构化预习,教师要结构化备课。首先,我们像学生一样按照"查画写记练思"六字诀重新审视这一节内容。实现教材的二次开发,也让备课有了新意,更好地站在学生的角度思考这一节内容的教学目标及重难点。其次,教师是课堂的组织者和引领者,我们要预判学生预习中可能出现的问题。备课组活动中讨论研究学生在"查"中可能出现的问题,提前预判,讨论解决出现问题的方法。再次,根据内容查找教师需要讨论解决的问题。有时我们还抱怨学生听了也不懂,可能是我们用了一些自己也不太熟悉的概念、新词,讲得大家都不懂,就像我现在这样。所以通过备课组讨论解决一些教师不太明白的问题很有必要。最后,韩教授说:"看过、听过不是学,说过、用过才有效。"展讲是提高知识掌握和应用的良好方法,学生展讲需要提高表达能力和逻辑思维能力。教师也一样,一个问题有多种讲法,哪一种讲法最适合学生,这也是备课组要研究讨论的问题。

二、课堂

学本课堂的"核心"在于学习能力的培养。学本课堂的设计理念是以问题为任务,"知识问题化"贯穿于教学全过程,以此驱动学生自主学习,实现小组学习合作化。学本课堂中我们紧紧抓住"结构化预习"和"讨论"两大法宝,实现全班学习最优化。学本课堂将讨论贯穿于每一节课中,实现一般问题小组化,难点问题教师化,努力实现学生的"狼性"学习。

三、工具单开发

兵马未动,粮草先行。工具单开发是学本课堂最重要的环节。生物组分工合作、资源共享。在集体备课中,采用"四备五定"策略。"四备"——备课程标准、备学情、备教材、备策略。"五定"——定课型、定内容、定问题,定方案、定人员。做到工具单开发,课型、内容统一化,问题讨论商定化,方案设计个性化,工具单审核集体化。全程贯彻知识问题化理念,实现学生阶梯化学习,深度学习,提升学生学习能力。

四、我的感受

韩教授提出的"学本课堂"是一种强调问题导学型的课堂。具体而言就是教师和学生协同合作,共同围绕着核心问题开展自主性的探究学习,在单位时间内解决问题,实现学习目标,促进教师和学生共同成长的学习活动。学本课堂注重展示对话学习方法,创建"说的课堂",通过生生对话、师生对话来解决问题,建构知识,培养能力,发展情感,在单位时间内完成学习任务。学本教育没有学生观、教师观和师生观,只有学习观。这一理念提倡"向学习过程要质量"的多元、科学课堂观,目的是让学习者学会终身学习,让每位学习者生命得到精彩绽放。

在学本课堂上,学生真正成为问题解决、展示对话、合作学习的主人。学本课堂的世界,打破了成人权威,突破了传统意义上师生间的长幼关系和授受关系,追求真正意义上的民主、平等。课堂不再是教师的一言堂,教师成了引导者和点燃者,为学生的多元学习和思维燃烧提供'火种'。当我们在学本课堂上强调教师要转变身份,要把一言堂高高在上的身份转变成退居二线的幕后支持者、策划者时,我们应该去思考,用什么样的机会和舞台让教师展示自己的才华,继续发挥引导者的作用。

　　学本课堂中的教师不再是照本宣科的刻板形象,教师在课堂上也展现着个人对某一篇章或某一知识领域的观点。同时,也适时展现着自己的才华。教师的个性和才艺在课堂中已经初见端倪,这才是一个基于生命体的课堂,一个基于生命、基于生活的师生互动课堂。

教学相长，各就其位，效果显现

——学本课堂推进心得体会

2018级政治备课组　李冬梅

学本教学既是一种教育理念也是一种教学模式。这种课堂，应该充分发挥学生的主体作用，采用自主探究、合作交流的学习方式，让学生积极参与学习中，构成积极、欢乐、高效的课堂，它的核心就是"一切为了学生，高度尊重学生，全面依靠学生。"它以生命为本，关注学生的终身发展。一个真正优秀的教师，教的学生取得了好的成绩，这还不够，还要看学生是否体验过学习的快乐，素质是否提升，学生今后是否有发展潜力。学校教学改革，不仅仅是师生的双边活动，而且是师生及学校的三边活动。通过近两年时间的理论和实践摸索学习，我渐渐有了点自己的想法：

一、教师：转变观念、转移阵地（功在课后），争取做一个充满智慧的"懒教师"

1.抓好两个转变

教师教学观念的转变不是一蹴而就的事，必须在推进课堂教学改革的实践过程中不断推动教师观念的转变，进而转变教师的教学方式，以逐步消除由于教师讲得过多、学生参与过少而导致的靠大量课后作业来完成教学任务的问题，逐步解决忽视学生情感、态度、价值观目标实现的问题。

教师的教育理念和角色意识必须发生根本性的转变。在学本课堂里，教师要从经验走向智慧，实现教学科学化、艺术化。教师要争取做一个智慧的幸福的"懒教师"，把自己解放出来。教师要从知识的神坛上走下来，不再把课堂当成是教师自己表演的地方，不再"控制"课堂，不再做课堂的操纵者、独奏者。教师要从知识的传授者，变为学生学习的伙伴，学生学习的合作者，变成学生学习的共同体。教师要更加关注学生的成长，关注学生的学习方式、学习状态，要让学生在课堂上学会自我发展，主动发展，要为学生创造"真正爱学习、人人会学习、人人都学习"的真学习环境。教师不要再做蜡烛，而要做一个"打火机"，不再是燃烧自己，照亮别人，而是要点燃学生学习的激情，激发学生学习的兴趣。

2.研究好学生的问题

不少教师在备课时，只习惯于备教学内容，而忽视备学生。如果教师不去研究学生对所教内容的掌握情况，不去研究学生的个体差异，一切从本本出发，课堂教学的适切性就会大打折扣，课堂教学的高效更无从谈起。

3.开发好工具单

在真实、常态化的课堂教学中，我常常发现教师所提的问题本身就有问题，无效问题、假问题、无价值问题充斥课堂，教师的很多提问耽误了学生宝贵的课堂学习时间，影响了课堂教学效率的提高。因此，教师要高效地完成课堂教学任务，就必须注重对课堂提问的研究，所提的问题必须是有价值的、有启发性的、有一定梯度的、有一定难度的，整个课堂的问题设计必须遵循循序渐进的原则。

4.把握好课堂节奏

课堂上，有的教师刚给学生提出问题，学生还没来得及思考，教师就马上要求其回答，这样不仅浪费了学生课堂思考的时间，而且有效性很差。这种形式主义的教学方式使无效劳动充斥课堂，严重影响了课堂教学的效率。有的教师让学生阅读课文、讨论、交流、做巩固练习等，不提任何时间和标准的要求，学生漫无目的地阅读与交流，课堂组织松散，时间利用率低。有的教师只对学生提出比较笼统的要求，学生不明白教师要他们干什么和要他们怎么干，这样，学生就失去了教师的有效指导。因此，教师要给学生一定的思考时间和思维空间，要减少讲与听，增加说与做，尝试教与评。

5.做好课堂评价

课堂评价是对学生学习效果的检验,也是学生最为关注的教学环节。在课堂评价中引入学生主导元素,有利于形成学生学习、检验、提高的良性循环状态。在具体的实践中,教师可以调整评价顺序,先安排同学互相评价,再安排学生自我评价,把教师评价作为一个总结放在最后进行。在学生做出课堂展示之后,教师可以引导学生:"大家觉得某某同学哪些地方做得最好,最值得大家学习?"通过互相评价与自我评价结合,引导学生发现同伴的优点,改进自己的缺点,让学生在掌握知识的同时,人格也得到塑造,在这种情况下教师再对学生进行课堂评价,才能真正体现学生的主导性。

二、学生:转变态度,做好课前课中课后,争做一个充满激情的"勤学生"

1.转变观念,适应教改

"教本课堂"是以讲授式为主的传统教学,教学流程由教师预设,由教师掌控,学生在课堂上主要是被动地听教师讲授知识,记录知识,师生间偶尔互动,少量提问,更多的是教师、学生的"单打独斗",学生间缺乏互动、合作、交流。"学本课堂"是指以学习者(学生、教师、参与者)学习为本的课堂,对生成的问题进行生生对话解决、师生对话解决,实现学习目标,促进教师和学生共同成长。教学过程是生成的,最终实现"三化学习",即知识问题化,问题能力化,学习问题化。我们的学生在过去十多年的教学中早已适应了教本课堂,习惯了教师讲学生听的教学模式。因此只有转变学生的观念,才能适应教改。

2.作业前置,效率提高

"教本课堂"的作业是在教师讲授完相关知识后才布置,而"学本课堂"的作业是教师不讲,学生提前通过所学知识进行结构化预习来完成,学生课前预习好了,听课才能有的放矢,会抓住重点、难点。预习不是只看看书本,重要的是思考一些问题,查找一些资料,想一想为什么?真正做到结构化预习,学生预习到位了,课堂效果自然就好了。

3.积极参与,展示自己

实践证明,学生参与课堂教学的积极性,参与的深度与广度,直接影响着课堂教学的效果。教师应注意,学生所回答的问题、提出的问题,是否建立在第一个问题的基础之上,每一个学生的发言是否会引起其他学生的思考;要看参与是不是主动、积极,是不是学生的自我需要;要看学生交往的状态,思维的状态,教师不能满足于学生都在发言,而要看学生有没有独立的思考。要"给学生一个机会,让他们学会锻炼;给学生一个空间,让他们学会思考;给学生一点鼓励,让他们学会创造;给学生一个问题,让他们学会探索",要让学生不断地试错,不断地纠正,不断地完善,不断地成长。要使学生从以往的"老师要我学"、"家长要我学"变为现在的"我要学",把学习的主动权还给学生。要让每一个学生都争取做一个幸福的学生,享受学习过程的学生,体验学习快乐的学生。

在学本课堂的展示环节,学生要学会倾听、学会欣赏,在别人展示学习情况后,可以发表自己的看法:你同意他的观点吗?你觉得他哪些地方讲得好,哪些地方还需要改进?你还有哪些方法和经验要与大家分享?只有这样,学生才能真正取长补短,提高学习能力。

4.自我评价

自我评价是学生在学习过程中的自我认识、自我反思、自我矫正的过程,也是主体意识的培养和学习深化的过程。如果学生对自己的学习过程、策略、效果缺乏清醒的认识,既搞不清"学什么",也弄不懂"学得怎么样",更不知道"为什么这样学",那么这样的评价方式很难让学生掌握学习策略,形成学习能力。学生只有学会自我评价,才能真正融入并参与学习过程中来,学习才能在学生的心底生根、发芽。

当然,教学不仅仅是学生、教师双方的事,还涉及学校、家长和社会的共同参与。在我们通往教学改革成功的路上还有很多我们意想不到的困难和挑战,这包括我们自身长期以来的传统教学习惯,也包括来自学生、来自家长和社会等方面的不利于改革的因素。学校作为教育的主阵地,那整齐划一的队伍,鲜艳明亮的校服,朝气蓬勃的学生,清脆明亮富有感情的朗读都让人看到了学校的生机和活力。我想这和学本课堂的推行是分不开的。

总而言之,在学校的教育改革中,作为一名学本课堂的实施者,我们应积极投身于它的发展之中,与全体教师共同致力于学本课堂的研究与探索,共同寻求适合我校教学改革的新路,切实以新观点、新思路、新方法投入教学,以适应学校发展的需要,切实做到让学生成为学习的主人,成为校园生活的引领者。

学本课堂 助我成长

2018级政治备课组 邱超萍

自我校进行学本课堂改革两年以来,围绕学本课堂的教学模式,以学习者为主体,不断完善小组合作团队学习机制,全校扎实有效地推进问题综合解决课、问题拓展评价课、单元回归拓展课等各类课型,实现个人学习愿景化、同伴学习合作化、全班学习最优化,提高了教学的针对性、有效性。实现"三角色""八步法"。教师带领学生以学习者身份进行思考性学习,以命题者身份进行研究性学习,以答题者身份进行问题解决性学习。同时,作为教师,自身专业能力也得到了多维度提升。

在工具单开发方面。通过备课组的规范开发流程,如:在备课组活动上充分讨论本模块的教学方法、工具单开发注意事项、明确交单时间,从规范性上保证工具单质量,守住课堂教学第一道质量关,在此过程中,通过向本组经验丰富的教师请教,我更能把握住每个单子要解决的教学重难点,设置的问题更有层次性、渐进性。在开发高三首轮复习工具单时,借助政治学科中心主任张灵慧老师指导的学本课堂首轮复习流程,我自己先下载她发群里的学本课堂首轮复习课件,研究"知会清单"和"当堂检测单"这两份工具单各自的侧重点,明白了"知会清单"是在学生进行课本回归性复习后,用于检测课本复习掌握情况,而"当堂检测单"侧重于学生运用所掌握的知识去解决题目中的各种问题,这两份工具单虽各自侧重点不同,但又互相联系紧密,互为补充。在借鉴现在高三毕业年级教师的学本课堂首轮复习经验基础上,我认真开发自己负责板块的"知会清单"和"当堂检测单",在工具单开发过程中,对知识点进行删、立、合,有疑惑的地方在备课组会上提出,组内老师一起讨论解决。

在课堂流程规范方面。围绕学本课堂模式,推进政治学科高考首轮复习,推进自主回归拓展课,带领学生按"三角色""八步法"回归课本,在夯实学生基础知识的前提下,紧接着又推进单元回归拓展课,通过学生知识构建,建立起学科知识体系,形成学科思维。落实当堂检测环节,注重信息反馈和知识讲评,特别注重解决学生存在的主要问题,使学生在初步了解政治学科高考的题型设计、知识和能力要求以及评分说明的基础上,明确学习的方向和目标,聚焦课堂,从自身教学中面临的教学问题出发,始终抓课堂,从自身现有经验和方法入手,以教师参与为主要方式,以解决问题,改变教师教育理念,教师教法转变与学生学法转变并行,以学生学法转变为主,以提升学生学习力、考试力、学习成绩为目标。同时,按学校要求,借助学本课堂组内公开课,学习其他老师的教学优点,如:师志华老师语言的精炼、对知识的熟练度,李云燕老师开展学本课堂流程的流畅度,李冬梅老师对知识点的串联、深挖游刃有余,这些无形中都为自己树立了榜样,增加了自己的专业能力。

在教学常规方面。首先,提升学生学本课堂结构化预习能力,落实"五记":记课标要求,记重点、难点、易混点,记最新表述,记文本逻辑结构,记考点、考法、考技、考向。做到"三思":将教材内容往深处和广处思,从教师的角度提出有教学价值的问题,思考教师如何教才能教得好,思考学生如何学才能学懂。其次,上课方面,借鉴上届高三年级教师的学本课堂首轮复习经验,利用好备课组精心开发与制作的"知会清单"和"当堂检测单"、"单元拓展单"。通过重点关注学本课堂"情境创设,呈现目标"环节,结合课改倡导的课程内容情境化,让情境政治站位高、理论概括性强、趣味性浓;呈现目标由朗读目标转向深度解读目标;拓展训练限时进行、效率更高;课堂评价形成习惯、激励作用明显等四方面,尝试实现知识、情感、思维、内容、形式、解题技巧、方法的最佳结合。及时落实当堂检测,注重信息反馈和知识讲评,特别注重解决学生存在的主要问题,在知识上查漏补缺,突出学生理解运用知识的能力的培养。

在学术助理培养方面,步入正轨。每班两位助理,分工明确、权责分明。一名助理负责协调工作,主持公开课、观摩课课堂,作业收交,管理与政治学科学习的所有事务。一名负责有计划、有重点地安排全班默背任务,管理早自习和课前的默背,查阅、批改默背作业,向老师反映班级默背情况,提出、落实整改措施。学科团队会议每周召开一次,了解每个组政治学习存在的问题,定期集中学生智慧解决组内问题。

在以后的工作中,我将认真开发好、利用好工具单,力争在学本政治课堂模式下,实现知识、情感、思维、内容、形式、解题技巧、方法的最佳结合,逐步实现韩立福专家提出的学习型教师——研究型教师——专家型教师——教育家型教师的递进发展路径。

学本课堂优势及实施之个人建议

2018级政治备课组　李云燕

兴趣是指一个人经常趋向于认识、掌握某种事物,力求参与某项活动并且带有积极情绪色彩的心理倾向。兴趣的本质及其对学习的影响是一个古老而又崭新的话题,它是教育理论和教育实践所要解决的核心问题。

兴趣是最好的老师,在新课程改革的前提下,教师应在教学思想,方法等方面积极创新,以培养学生的兴趣,取得良好的教学效果。学生对学习不感兴趣,又何谈教学成绩呢?所以在新课改的指导下要培养学生的学习兴趣,变被动为主动,教师应在教学思想方法等方面积极创新。在大力提倡素质教育,全面推进课程改革的今天,我们应如何跟上改革浪潮,变学生不想学为乐学呢?这是值得我们研究的问题。

让学生因为有兴趣而去努力学习,绝对会比一味机械地填鸭式教育有用得多,并且会得到事半功倍的效果。培养学生学习的兴趣可以刺激学生能更加主动自觉地学习。在学习上要想办法让学生积极主动。学生对学习一旦有了兴趣,就会对知识产生渴望,从而学到的东西就会更容易,更牢固地被学生吸收。学本课堂就是在新课改背景下通过激发学生学习兴趣,提高学习积极性,从而提高课堂教学效率的课堂。

一、学本课堂的优势

1.优化备课过程,提高教学效果

在教学中,备课是一个必不可少而且十分重要的环节,既要备学生,又要备教法。备课组教师每周集体备课一次,开发学科工具单,由主讲教师提出工具单设计思路,大家进行讨论,最后定稿。

2.优化课堂导入,引发学生求知欲

传统的导入法设计多为新旧联系式,即采用复习法。在课堂中根据讲授内容精心设计导入方法,引导学生进行思考。导入方法有很多,如讲故事、做游戏、创设场景表演等都可以很快地吸引学生的注意力,学生的积极性很快被调动起来了,学生愉快地参与学习过程中。

3.优化课堂环境,改善学生的情感体验

教师挖掘学生身上的闪光点,点燃他们的学习热情。课堂上,教师营造轻松的氛围,用亲切的语气,简洁幽默的语言,让学生喜欢教师。良好的课堂氛围影响着学生的学习,使学生在潜移默化中喜欢学习,并且懂得如何评价他人,尊重他人。

4.优化教学方式,提高学习效率

从教学手段、教学内容、知识整合等多方面提高课堂教学效率,特别是重视知识本身的结构、知识的联系并设计好行之有效的方法进行教学。

5.优化教学手段,增强学习的直观性

在教学中充分利用计算机多媒体教学手段发挥电化教学特有的"鲜明色彩""生动形象""声像同步"等优势,运用计算机与学科的整合尽量设计一些学生觉得新鲜、有趣的教学环节,把静止的知识变成活动的演示,把抽象的知识形象化。从而刺激学生的视觉,吸引学生的注意力,使学生产生新奇的快感,唤起求知欲,引起对所学知识的兴趣,激发学生战胜疲劳的新的力量。

6.优化课堂活动,发展学习兴趣

根据教材的内容,利用教具、学具、微课视频等材料组织和指导学生开展实践性操作活动,让学生参与学习的全过程。

二、教学经验

我校高中三个年级都实行了"先学后教再练"的学本课堂教学模式和小组合作式学习方式,从教学情况及教师反馈情况看,获取了一定的学本课堂教学经验。

1.通过下发预习评价工具单,对预习起到指导作用,而且上课以工具单为线索,更加有条理性,另外布置小组学习任务对课堂教学任务的完成及课堂效果均有帮助。有的班合作学习开展很好。

2.问题综合解决评价单在问题设置上下功夫,问题设置力求有吸引力,有趣味性,并且有些问题提前布置,给各组分好题目,上课讨论效果较好。

三、教师建议：

1.活动好的小组给予一定的奖励。

2.小组划分上再下功夫,做到组间同质、组内异质。

3.调动学生积极性,让学生更重视学分,教师每节课给予学生评价奖励。

四、本人指导意见：

1.主要由班主任负责做好学习小组的划分与调整:同组综合素质ABC档学生相搭配,即成绩优劣搭配(总分与单科成绩综合考虑)、男女生搭配、不同性格学生搭配、平时表现好坏搭配,做到组间同质、组内异质,各学习小组综合能力相当,各组均有积极有带头作用的学生,以促进整组的参与,注意不得出现特差组。

2.小组长的培训:以班主任牵头,所有教师均要参与,加强对小组长及分学科的任务的培训。选出每科的学科长,主要负责本科目的学习,一名大组长负责纪律及小组成员的评价。教师先将组长的积极性调动起来,发挥其职能作用,督促学生真正参与课堂学习并帮助教师维持好课堂秩序。

学习小组学科长职责:

(1)负责协助任课老师,主持组织好本学习小组开展自主学习讨论,在需要小组发言或到黑板上做题及讲题时,能及时推选出小组代表完成以上任务。

(2)负责维持好本学习小组的课堂纪律,自主学习时必须控制好音量,不得影响其他班级上课。

（3）如教师留一些提前预习的内容，需上网查资料等，学科长则安排好本学习小组成员进行有效分工与合作，做好前期资料采集与准备活动。另外，教师留课下延伸作业时，学科长也要组织好本学习小组成员认真完成。

（4）协调好组内成员之间的关系，求大同，存小异，要充分发挥成员的特长与聪明才智，调动积极性，形成小组合力；发挥小组长在教师与小组成员的桥梁作用，沟通、协调师生关系；协调并处理好本组成员与其他小组成员的矛盾纠纷；主动处理各小组长之间的关系，积极组织参与同本班其他小组之间的和谐竞争，掀起比、学、赶、超的良好氛围。

3.每位教师都要努力营造比学赶超学习氛围，营造严谨、严肃、活泼、热烈的学习情境。课改班的后黑板不再参与布置，空出来上课使用。

4.教师提问题应有梯度；联系生活、设置情境，增加问题的趣味性和贴近生活，另外提前给各学习小组分好题目，对上课提问和讨论做好精心设置。这些都有利于讨论与合作学习的成功。

5.教学环节建议：

环节一：(利用预习评价工具单)做好课前自学指导(即学生的课前预习)。

设计好工具单，提前1—2天下发，要求各组利用8分钟左右的时间自学。工具单上要有明确的知识与技能目标(其他目标不用写出)，有自学提纲。课上需要小组讨论的问题要提前做好小组分工。

环节二：创设情境，呈现目标(1—3分钟)

首先教师在黑板上板书本节课题，之后简述本节课的知识与技能目标，使同学们有明确的学习目标。

环节三：预习评价，生成问题(5—8分钟左右)

看书后合书完成工具单上的基础知识问题。这个时间教师不要讲话，让学生自己或小组合作学习与做题，并生成问题写在黑板上。

环节四：合作探究，展示交流(15—20分钟)

工具单上简单的基础题，学生回答，教师不必做过多讲解。进入重点与主要知识的学习，可设置分组讨论环节，而后小组展示，对于纠错先让学生来纠正，即兵教兵，最后是教师的登场，进行强调与纠错。这部分的基础题，学生口答或板书,教师讲思路归纳规律,不做过多过程性讲解。复杂题学生回答思路,教师板书,带领学生逐步做,强调步骤与做题的规范性。

说明:立足学生实际,对于普通中学来说,第一:对于讨论环节,每次时间不宜过长,3至5分钟为宜;并且根据学科及教学内容决定本节是否设置讨论环节及设置讨论次数。

第二:教师讲什么、如何讲

(1)对于学生会的基础性东西,教师一定要重复讲一下,可以不占用过多时间讲解,但必须要简明扼要地就知识点说一下。

(2)对于学生不太会的知识及重点知识,教师要多花点时间重点讲解。

(3)对于学生怎么讲也不会的知识,就不要再讲,即不求偏难怪,立足课本,以掌握基础知识为原则。

环节五:问题训练,组间展评。(5—12分钟)

可穿插在第四环节进行,也可单独设置,但每节至少要拿出10分钟的时间做练习,检测同学们的知识掌握情况,同时巩固所学。

环节六:归纳概括,提升意义(1—3分钟)

师生小结本节主要知识,教师对于各小组学习情况进行评价,以加减分形式进行奖励。并留好课下作业,对下一讲讨论的问题提前做好小组分工。

说明:每月各科教师和同学们一起评出优秀学习小组和小组长,进行奖励。

6.我们每位教师都要明确课改目的:一方面是为了学生的全面发展与终身发展,提高学生的自学与自制能力,使学生学会学习、学会合作,达到自制与自我管理、自我提高的目标。

另一方面,也是为了我们教师自己的专业能力提升,提高教师在新课改后的教学能力和教研能力,同学生一起成长,在教会学生学习的同时提升自己的教学水平,成为适应时代所需的研究型教师。

师生动起来　课堂更精彩
——学本课堂教学心得

2019级政治备课组　郭玲荣

思政课教师变革传统教学方式迫在眉睫。中国教育科学研究院韩立福教授倡导的"先学后导,问题评价"教学模式是国家教育科学研究院"有效教学"研究的成果之一,这种教学模式就叫"学本课堂"。学本课堂主张课堂从以"教师为中心、讲授为中心"转向以"学生为中心、学习为中心",把课堂还给学生。2019年4月我校引进了韩教授的"学本课堂",积极、大胆地开启了课堂教学改革的伟大工程。对我校思政课教师来说,这场机遇与挑战并存的教学变革,能给我们带来什么呢?在学校的坚强领导和韩立福教授团队的精心指导下,在"创新是引领发展的第一动力"理念的鼓舞下,我积极、主动地加入了学校课改的队伍中。从理论学习到实践操作,自己的课堂已经不知不觉地发生了改变——师生动起来了,课堂更精彩了!

一、学本课堂的结构化阅读教材,让师生怦然心动

思政课教材是落实立德树人根本任务的关键抓手,具有不可替代的价值导向和政治意义。马克思说"理论一经掌握群众,也会变成物质力量"。学本课堂要求教师结构化备教材,要求学生结构化预习教材。学本教材阅读法是"查、画、写、记、练、思",师生生动解读教材,教学充满生机、富有深意,学生知识掌握情况良好。

二、学本课堂精心设计情境、议题和活动，让师生全身而动

学本课堂的每一种课型都强调创设情境，设计议题和活动，以教学情境、议题、活动引领课堂的整体布局和教学环节，围绕学科概念和学科任务，借助情境、议题开展自主学习、小组讨论、展示对话、当堂检测等活动。这既解放了教师，又让学生在自学、互学、展学中提高了学习效率。

三、学本课堂科学完整的制度安排，让德育多方联动

学本课堂有科学、完整、严格的"三研两会"制度，通过校本教研、组本教研、团本教研和学科团队会、行政团体会，把显性教育与隐性教育结合起来，挖掘了各种教学方式中蕴含的思想政治教学资源，实现了全员全程全方位多方联动育人。

两年来，学本课堂不仅改变了我的课堂，更重要的是改变了我自己，改变了我对学生、对教师、对新时代下打造更高效政治课堂的认识，为我更好地从事教书育人的工作注入了新的动力。我相信，大胆革新，积极进取，在课改中学习，在课改中前行，师生都动起来的学本课堂，一定会更精彩！

韩立福"问题导学、学本课堂"体会

2020级政治备课组　张灵慧

中国教育科学研究院的韩立福博士,把课堂改革的春风吹在我们麒麟高级中学的校园中,吹在我们麒麟高级中学全校师生的心中,使我们蕴藏了多年的课堂改革精神和力量一股脑爆发出来了。韩立福教授所提出的什么是"学本课堂以及如何创建问题导学型学本课堂"的理论和具体实践,把我带到了教学的另外一个新领域,给我们的教学模式注入了新鲜的血液,让我对课改有了更深层的认识。

一、听过看过不是学,思过熟出才是学,用过做过才有效

"听过看过不是学,思过熟出才是学,用过做过才有效。"这是韩教授的名言。科学证明,采用传统的教师讲授的教学法,学生24小时后对教师所讲知识的保持率仅有5%;教师采用让学生阅读的教学方法,学生24小时后的知识保持率仅有10%;教师采用视听结合的教学方式,学生24小时后的知识保持率在20%;教师采用让学生示范(学生重复老师的话)的教学方式,学生24小时后的知识保持率在30%;教师采用讨论组的教学方式,学生24小时后的知识保持率在50%;教师采用让学生实践练习的教学法,学生24小时后的知识保持率在75%;教师采用让学生向其他人讲授(也就是让学生展讲和训练)的教学法,学生24小时后的知识保持率在90%。纵观这个学习金字塔,如位于塔尖的教师知识讲授法,学生24小

时后的知识保持率是最少的,仅占5%,而这正是我们以前最常用的教学法。而让学生展讲的教学法,学生24小时后知识保持率却是最高的。在这里,我才真正明白,我们传统的教学为什么那么累:教师累,上课苦口婆心地反复讲,课下挑灯夜战批作业,学生考试还出错;学生累,上课端端正正坐着听,课下做着大堆大堆的习题,学习成绩也不能提高。原来是我们的教学方法固化了学生的思维、抑制了学生学习的激情,是我们低效的付出让学生不能有高效的收获。我们不能再这样走下去,我们要改变自己传统的思维方法,以自己的智慧点燃学生学习的热情,进行彻彻底底的课堂改革,实现从"教本"到"学本"的改变。

二、"教本课堂"离"学本课堂"有多远

我们的课堂发展有四重境界,即教师的知识讲授课堂,依靠教案;教师的导学课堂,依靠导学案、教案;问题导学课堂,依靠问题导学工具单加教学方案设计;自我导学课堂,学生自己产生问题自己解决。"教本课堂"是前两重境界,"学本课堂"是后两重境界,说到底,"学本课堂"是"教本课堂"的提升,最终达到了教学的最高境界,教是为了不教。而我们现在的课堂改革是在第三重境界上,也就是"问题导学"课堂,实现了从"教本"到"学本"质的跨越。

三、"问题导学"课堂于"教本"课堂的区别

我们传统的课堂属于教本课堂,问题导学课堂是学本课堂;教本课堂以教师讲授知识为主,学生听讲为目标,问题导学课堂以师生共同问题学习为主线,进行自主合作探究学习为学习目标;教本课堂上师生是上对下的领导和被领导的关系,问题导学课堂师生是真正意义上的民主、平等、合作的和谐关系,教师就是大同学;教本课堂上,知识是最主要的要素,问题导学课堂上,问题是最主要的要素;教本课堂上的学习方法主要采用提问启发式教学法,问题导学课堂则较少采用这两种方法,而采用自主学习、合作探究、展示对话、问题发现、思维训练等;教本课堂常使用教案加学生作业,问题导学课堂使用问题学习工具单。在这两种不同的教学方式下,因教本课堂老师只能面对少数学生,大部分学生缺乏兴趣,被动学习,学习效率低;而在问题导学课堂上,面向的是全体学生,在工具单上任

务的驱动下,在小组的合作探究下,在个性化的展讲中,人人在课堂上都能体验到成功体验到快乐,因而是快乐的高效学习。

四、问题导学课堂上各种称谓的改变

问题导学课堂上的师生关系是真正意义上的民主平等合作关系,所以,在这样的课堂上,师生的各种称谓发生了改变。教师被称为大同学,在新的小组合作学习中,教师是其中的一个组,和同学们共同创造一个学习场。学生在班级形成一个学习系统,这个学习系统分为两个学习体系,即行政体系和学术体系。行政体系由主任助理(也就是班长)、小组长和其他成员组成,主要负责小组内的同学认真学习,督促组员学习;学术体系由学术助理(以前的学习委员)、学科长(组内每人都担任一科的学科长,组织本组讨论交流)和成员组成,主要负责组员学会知识的问题。组内成员个个都是学科长,人人都是领头雁,由此提高学生的责任意识和合作意识。

五、如何构建"问题导学型"学本课堂

构建"问题导学型"学本课堂,必须抓好以下三个方面:1.学生方面,主要培养学生的三种能力,即培养学生的结构化预习能力;培养学生的自主、合作、展示学习能力;培养学生的回归拓展学习能力;2.教师方面,具体培养三种能力,即教师的结构化备课和设计的能力,学会组本教研,严把质量关;教师的智慧导学能力,切实落实"一激二评三落实"(激发兴趣、及时评价鼓励、落实学习目标);教师的回归评价指导能力。3.师生方面,共同创建小组合作、团队学习机制,搭建小组合作团队学习的有效平台,追求"三化"的学习效果(个人学习愿景化、同伴学习合作化、小组学习承包化),最终实现狼性学习的最高境界。具体如何构建,我从以下三方面阐述:

(一)学生方面能力培养策略

1.培养学生的结构化预习能力

结构化预习指的就是在预习时做到目标结构化、知识结构化、问题结构化。具体采用"阅读六字诀"进行预习,即查、画、写、记、练、思。查就是查着工具读,

查不认识的字词,不理解的句段,查作者的简介,查文章的写作背景等,凡是自己能动手查到的就自己解决;画就是画着重点读,画课后要求记住的字词、画多音字、画重点句段、画积累的好词佳句等;写就是写着感想读,写文本大意,写段落大意、思想感情、品词赏句写作方法等,可以体现学生的理解程度;记就是记着内容读,记字词、作者、文本大意、思想感情、背诵段落和重点句等,做到熟记于心;练就是练着习题读,实现作业前置化、全程化、全优化,这样可以使学生在读时发现问题并及时解决,不会的上工具单,最终实现简单问题书本化,复杂问题工具化;思就是思着问题读,把自己在读的过程中产生的问题写下来,解答不了的上问题工具单。此过程先由教师指导完成,时间长后学生自主完成,启用阅读评价章,实行五级评价机制,保证预习质量,使学生预习后能达到85分以上。

2. 培养学生的自主合作展示学习能力

学生自主学习采用"三定"123策略,三定即定时间、定任务、定问题,如"下面用10分钟进行自主学习,内容为几页到几页,围绕工具单上几到几题进行学习"。123指在学生自主学习时,教师要做到1.要闭口不说话,2.要巡查观看,对学困生的指导声音控制在三度以内,3.要心照,就是教师根据学生的学习质量随时调整时间,保证学生真正静心独立完成。

学生的合作学习采用讨论组小组方式,采用小组学习12345加2策略。具体这样操作:当学术助理说讨论开始,学科长喊起立、聚首、分配任务、小组讨论、组员间评价,学生为了方便书写可以坐立自如,为了组间交流,可以行走自如,真正让教室成为学生学习的学习场。

学生的展示交流,采用展示对话学习"六字诀",即展(展讲、展写等)、思、论、评、演、记。学生在展讲过程中,要注意话语结构,遵循"破冰语——陈述语——讨论语——结束语",还要把握说话的时间,语言简明扼要、切合问题,最后要注意仪态大方、声音洪亮等。小组展讲时,教师要求同学们认真倾听,及时加入讨论,并做好记录。如果学生们不讨论,教师要善于扮演打火机的作用,循循善诱,让学生们讨论起来,让课堂活起来。

3. 培养学生回归复习策略

心理学上,我们学过艾宾浩斯的遗忘曲线,知道学过的内容要经常复习以保证记得牢。为此,在问题导学课堂上,为了巩固所学知识,韩教授采用拓展学习六字诀,即纳、练、思、展、问、演。写周反思日记,以及"3-7-15"回归评价和每个单元的回归复习,帮助学生牢记知识。

(二)教师方面能力培养策略

1. 结构化的备课和设计能力

教师的备课,由以前的备知识转变为备问题,以实现知识问题化,进行结构化备课。至今,韩教授的"问题之歌"我还牢记于心,他将问题分为四类:概念性问题、原理性问题、习题性问题、拓展性问题。教师实现和文本的三次对话(和文中主要人物对话、和作者对话、和编辑部老师对话),全面把握教材,再结合课程标准和学生生成的问题,形成问题学习工具单,面向群体学生制定学习方案。让学习工具单帮助学生实现学习目标。

2. 教师的智慧导学策略

在问题导学学本课堂中,教师首先要根据不同的课型设计不同的工具单教学方案。组织新型小组合作讨论学习,使学生始终处于战斗状态,实现狼性学习的境界。在课堂上关注学困生,做好"随堂记录评价卡",激发引导学困生。让课堂真正走向民主、开放、多元,教师采用一扶、二放、三退、四隐的策略,让学生逐渐勤起来,让教师逐渐"懒"起来。

3. 教师的回归评价指导策略

在教本课堂上,我们教师往往根据教学计划要求进行复习,大量的时间放在批改作业上。在问题导学学本课堂上,教师组织学生进行单元回归评价学习,与学困生签订学习契约,教师在此树立服务意识,为学生提供多元发展服务,让学生成绩持续提升。

(三)如何创建新型合作小组

在问题导学型学本课堂上,学生主要是以小组为单位进行学习的,班级是一个大家,那么每个小组就是一个个小家。在小组内主要让学生学会学习,学会合作、缩小成绩差异、大幅度提高学业成绩,那么,就要把小组建设成一个温馨之家,成员像兄弟姐妹一样团结、帮助、合作,没有嫌弃和排斥。在这个家中,学生们学会交往,提高了社交能力,班级里既有合作又有竞争,学生的竞争能力和适应能力明显提高。

教师通过刚开学时对小组的组建,培养小组成员间的凝聚力,并通过小组的组名、口号、愿景、组歌、承诺词、小组公约等,定期开好团会,即学术团会、行政团会、教育团会,不间断地加强组员的团队意识,最终让班内的同学达到狼性学习境界。

学本课堂的精髓远远不止这些,这只是我自己对学本课堂的一些粗浅的看法。我始终记着韩教授的话,让学生预习时就把所有的知识掌握,课堂上就只想着怎样展示,怎样讲解别人才能听得清楚明白,锻炼自己的语言表达能力,使自己思维的刀子磨得快快的,将来成绩就业都是棒棒的。我也将不断努力,在韩教授思想的引领下逐渐"懒"起来,实现自己的专业成长。

学本助力师生共同成长

2018级历史备课组　王琳

教师的专业发展是以教师专业自主意识为动力,以教师教育为主要辅助途径,教师的专业知识、专业素养和信息素养不断完善、提升的动态发展过程。新课程改革是教育界的一场伟大革新,伴随这场课程改革的开展和深入,我校对高中历史教师的观念转变和专业发展都提出了新的要求。

目前高中多数历史教师在中学和大学学习期间所接受的是传统教育模式——填鸭式教学,这使得历史教师在无形之中会受到传统观念和思维方式的影响,在课堂教学中往往会把"传授知识"作为自己的主要任务,把掌握历史知识的牢固与否当作评价学生优劣的尺度,而自身往往以长者和权威自居,要求学生对自己绝对服从,没有帮助学生形成自己的思维方式,无视学生的个性差异,忽视学生的独立思考,使学生缺乏创造性。这些传统的观念恰恰与新课改理念相背离。所以在教学中常会出现这样的情况:某位教师讲课非常透彻、明了,课后督促检查非常仔细认真,学生也付出了较大的努力,满以为会取得较大的收获与成绩,可最终结果却不尽如人意,付出与希冀相去甚远,师生皆大受打击。事实上,新课程下的教学观认为,教学是教师和学生的双边或多边的活动,是实施全面发展教育的基本途径;教学不仅要传授知识,而且要培养习惯,发展智力,培训能力,形成良好的品德个性,增强学生体质,增进学生身心健康;教师要引导学生学习,培养学生自学的能力和运用现代信息技术搜集信息的能力,让他们把学习当成一种信仰、树立终身学习理念。

麒麟高中自2019年开始推行的学本课堂改革教育理念与新课程的教学观相契合,在实践学本课堂改革的三年中,我深感不仅学生得到了成长,我自身的教育教学观念和专业素养也有了很大进步。

一、历史教学实践能力的提高

在学校课堂改革的大潮之下,我努力由传统的"传道、受业、解惑"型教师向"激趣、启思、导疑"型教师转变。学本课堂强调突出学生的主导作用,而教师设法激发学生的学习兴趣,启发学生积极思考,引导学生求异创新。随着学生学习方式的改变,教师必须要努力提高自身的教学实践能力,从熟知知识点转变为灵活使用知识点,以适应学本课堂学习模式下的教育要求。

1.历史教学设计能力的提高

历史教学设计是指历史教师在教学之前,做出的如何最有效地向学生传播基础知识、培养基本能力、指导学生学会学习的正确方法、养成学生良好情感态度价值观的整体设计。在学本课堂模式下,我根据不同年段,采用不同课型,精心进行教学设计,注意从以下几个方面下功夫:①仔细研读课程标准,树立目标意识;②创造性地使用教材,重视教材提供的素材和例子,深入分析和挖掘教材内容的多重价值;③追求真实的课堂效果,加强师生互动、生生互动,正确处理教与学的关系;④强调自主建构,倡导自主、合作与探究式教学;⑤注意问题的情境化设计,明确其导向性、趣味性、整体性、层次性、启发性和延伸性。通过三年的实践,我感到教育教学更为顺畅和生动了,由于学生的兴趣得到了激发,课堂效率大大提高了。

2.历史教学组织能力的提高

新课改对历史课堂教学提出了新的要求,为适应学生综合素质提高的要求,学本课堂模式下,更加突出学生的主体地位,注重对学生思维的开发,培养学生自学能力。在教学中,我采用了多种手段,培养学生的历史创新思维能力,优化历史教学。教学行为是为实现目标服务的。课堂教学是一个非常复杂的综合体,在学本课堂实践中,我对教学进程、教学方法、学生的反应等,随时保持常态化的总结和反省,我从课标、教材、教参意识里跳出来,使学生、教科书、教学情境等构成一种生态系统,并运用多种方式使这一系统科学运转。通过日常教学的锻炼,我的视野和思路更加开阔了,教学方法更丰富了,我能够合理地控制教学节奏,并逐步摸索出适合自身的教学风格。

3.历史教学管理能力的提高

传统的"应试教育"模式下,分数和排名是学校和教师工作绩效考核的重要指标,这导致了在以往的日常教学管理上偏重专断,即重视考试成绩,忽视学生的内在需求。同时在教学管理制度上缺乏活力,学生民主管理的程度很低。在学本课堂模式下,教学管理以满足学生的发展为目的,各班通过设置历史学术助理、各小组通过设置历史学科长确立学生在班级中的主体地位,有目的地训练了学生进行历史学科学习管理的能力。同时,我通过学术团队会议的方式深入学生中去,真正了解了学生的学习状况和学习诉求。

二、历史教学研究能力的提高

课堂改革之前,学校的教学活动与研究活动是彼此分离的。教师们往往存在一种偏见,即把历史教师与教学研究相互分离、把理论与实践相互分离。不少教师认为,教学研究是专家学者和教研员的事;即使要研究也是研究教学内容,而不必研究教学理论、教学策略等方面的问题。

学本课堂改革推动了历史教师对新的教育技术和教学手段的研究,我力争由"教书先生"向"研究型、学者型"教师转换。学生课堂主体地位的实现让我有了更多的时间观察课堂。我试着在教学过程中以研究者的心态置身于教学情境,以研究者的目光审视和分析教学实践的各种问题,总结经验和吸取教训,不断研究适合学生的各种教学方法。我深刻认识到不能再搞粗放型教学,需要提高教学效率。同时,学本模式下的集体备课、工具单开发、建构式研课增强了教研活动的参与性、探究性,通过组内教师的通力协作,我的教育教研水平得到了进一步提升。

通过三年的探究,麒麟高中逐渐形成了自己独特的"启潜·导学·团队"(PGG)学本课堂模式。相对于传统的教育教学模式,我深感学本课堂搭建了一个能让师师、师生、生生展开有效沟通对话的平台。在实施学本课堂过程中,通过创建团队活动、高频次开展团队合作,形成了一种互信,这种互信为师师、师生双方展开深层次的思想交流奠定了坚实基础。通过时间的沉淀和积累,师师、师生之间所形成的默契感、认同感,使教学、教研更为顺畅,教学效果大大提高。

在今后的教学中,我将继续学习学本教育理念,践行PGG学本模式,实现师生的共同成长。

建立完善小组评价的制度机制　真正实现学本课堂理念

2019级历史备课组　王爽

学本课堂在教学方式上,更加关注学生的自主学习(即学习力)、探究学习和合作学习,把学习的自主权还给学生。在教学手段上创设情境让学生去想,鼓励学生动脑,动手去做,学生能完成的让学生完成,学生能观察的让学生观察,学生能表述的让学生表述,学生能思考的让学生思考,学生能动手的让学生动手。

在师生关系上,打破了以往的观念,变为大小同学的关系,教师(大同学)在教学中尽量起组织引导、引领、控制和调节作用,形成以学生(小同学)为主体,教师(大同学)为主导的生动活泼的学习局面,形成自主学习、探究学习和合作学习的氛围,激发学生的求知探究的激情,建立朋友型的大小同学关系。

学本课堂的实施,改变了原有学生和教师的评价体系,体现了更多关注发展、目标多元、方式多样、注重过程、促进发展的原则。照此原则,就必须要跟进建立完善小组评价机制,改变原有的不适合于目前教学的陈旧观念。班级各小组要形成"兵教兵""兵练兵""兵帮兵"的良好风气,小组要养成自主合作、探究的习惯。形成组组竞争,员员互助,全班比帮赶超,人人争先的氛围;班风、学风才会有大好转。

具体可采用如下措施:

(1)确立班级制度。可以根据班级班情自主制定《小组互助合作评比方案》,

对各组的评比方法:由班委每月最后一周统计各组本月四个周的周合计分,排出各组名次,该月总计分最高的组为本月班级优秀小组,发放流动"优秀小组"荣誉牌或在展示栏或在后黑板上展示表彰。月总计分最低组为本月班级"待优小组",班主任要召开该小组鼓劲谈话会(行政团队会),制定本组进步措施。也可根据班级实际情况给予优秀小组、较优秀小组奖励,给予"待优小组"适当的惩罚。当然如果这项工作班主任嫌比较麻烦的话,也可采取小组间评价或评选先进的方式给予解决。

在各小组分组的基础上,各组内部之间可以设立"互助对子"。即二至三人结成互帮互助对子,每周各班每小组可根据本组该周记录情况,推出本周优秀互助对子(要求:帮者与被帮者之间评比均有进步)。班委会每月底在此基础上评出全班该月2~3对优秀互助对子。表彰优秀互助对子与表彰优秀小组一样。

(2)记录方法

学习:有加分,有扣分,分数可自定。"作业送交"由学术助理报给相关负责班委扣分一次,"结构化预习情况"由相关学科长检查被记录组员预习情况。完成情况分为好、中、差在组内按比例计分。"课堂参与情况"一项由本组相关学科长每节课间把当节课上本组组员展示次数进行登记。组长监督学科长记录的准确性和真实性。"教辅练习的完成情况"可同"预习情况"一样记录。这样班级原来的小组形式(收发作业值日等)就可以合并到此种小组中来。班级学生小组可以根据各科的上课时间结合自习课,课余时间完成检查或评价。

(3)合理的监督办法

班主任可以和任课教师一起设计出简单易行又不给学生添加过多负担的合理的监督执行方法来,避免时间一长,使这项工作的落实打折扣。班主任要加强学生教育,尤其是学术助理和小组长的教育引导,使其理解这项工作的重要性。班主任可以设计有利于组间竞争的措施,适当表扬先进小组,张扬先进小组的闪光点给予固化,对落后的小组可以开展谈话或激励他们奋勇向前。班主任也可以和课堂提问、课堂小组展示结合起来给予监督评价。

(4)成功的激励措施和积极的良性评价

班级可以根据班级班情,设计出具有各班特点的评价激励体系制度,百花齐放,各具特点。也可以多方收集评价信息,通过加工评价信息和资料做出积极的评价结论。也可以每月每班评出若干个优秀小组,班级要进行适当形式的表彰。这种小组内、小组间、生生间、师生间的评价机制,预期可以彻底打破个别好学生把持课堂发言的格局,让每位学生都有发言的机会和能力,可以积极创造一个和谐、团结、积极、奋进的班集体,也可以使我们的学本课堂更有效,也可以使我们更能适应目前的教育形势和学情。从而使我们的学本课堂更精彩,学生学得愉快,教师教得富有激情。使我们的师生真正成为一个追求共同进步的"学习共同体",教师要真正成为学生学习的组织者、引导着、合作者。

学本课堂应体现出:课堂是师生心灵互动、心灵对话的舞台,而不仅仅是教师展示授课技巧的表演场所;课堂是师生共同创造奇迹、唤醒各自沉睡潜能的时空,离开了学生的主体活动,这个时空就会破碎;课堂是向未知方向挺进的旅程,随时都有可能发现意外的通道和美丽的图景,而不是一切都必须遵循固定线路的没有激情的行程。

从教本向学本转化
——学本课堂心得体会

2019级历史备课组　张莉莎

我校于2019年秋开始引进韩立福教授的学本课堂模式,为保证学本课堂的实施,学校提前请来韩立福教授为我们做了学本课堂培训,记得那是为期一周的培训,时间安排得紧锣密鼓,白天培训,晚上上课,每天过得很充实,我们关于教育教学的知识也在不断提高,新的教育思想不断地冲击着我,引发我对教育更深的思考,我摩拳擦掌,忍不住想要试一试。

在学校整体规划下,学本课堂的建设有条不紊地展开了,从班级团队建设,小组团队建设再到教师团队建设的逐步展开,在学校的带领下,我们顺利地向学本课堂转化,但是这种转化只是形的转化,培训中的内容与现实出现了差距,在传统长期教本课堂的影响之下,我不敢对学生放手,所以出现了这样的现象,在新的教学环境下,我依然做着教本的事情,所幸的是给我们培训的教授和老师们并没有走,他们不断地为我们答疑解惑,给我们树立学本的信心,让我们逐渐地放手尝试,在他们的帮助下,我逐步感受到了学本的快乐,并尝试提升与改变。而这样的培训和帮助在之后的两年时间里不断地重复,在这个过程中我也不断地学习提升,不断地从教本向学本转化,现有感想体会如下:

一、深挖教材，搭建学生的"舞台"

课堂是全体学生展现才华的舞台。教师在课余要深入学习相关知识，在理论上充实自己，学习先进的理念和方法，并在课堂中充分挖掘课本内容，如：创设情境对话、采用分组教学、合作式教学等，让学生主动参与、乐于参与，使人人能在一节课中展露风采，让课堂真正成为荟萃学生闪光点的舞台。让每个学生发挥潜能，轻松愉快地参与学习中，成为学习的主体。

二、改进教学方法，提高课堂效率

要相信学生，不仅要关心学生的行为投入，还要关心学生的认知和情感投入。在教学方法上选择最适合学生的教法和学法。只有引导学生实现由"学会"到"会学"，主体地位才有可能得到张扬、主题精神得到凸现。我们应根据各班学生的实际情况，运用各种各样的教学方法，提高学生活动的思维品质，创设开放式思维对话的课堂氛围，做到既生动活泼，又能激发学生的创新思维，真正调动学生的学习兴趣。在课堂上，我们在努力缩短学生与教师、学生与教材内容的距离，使本来就喜欢历史的他们更加地喜欢上历史课。还要充分利用教材、图片、实物及学生情感体验来发展学生对历史的兴趣，让他们从听觉、视觉、感觉等多方面多了解历史，让他们在积极、愉快、轻松的环境中体会历史的魅力。

三、面向全体学生，构建和谐关系

面向全体学生，我们要做到这一点，首先要转变观念，确定与学生的关系。在学习中，师生就是朋友、伙伴、合作关系，我们要本着以人为本的思想，公平地对待每一个学生。我们上课是师生，下课是朋友，相互合作打造一个开放的课堂，打造一个学生能够进步的一个平台。教师还要注重学生心理和情感的变化，学生是一个复杂的群体，他们的心理状态千差万别，需要教师用心观察，根据不同的情感心理，提出不同的处理方法。教师应多与学生交流，使学生亲近自己，这样的课堂才是充满和谐、充满人情味的课堂。

四、加强教研组的团队合作精神，资源共享

"学本式高效课堂"不是一种形式上的文章，更不是花架子，它是教学发展的必然产物，它的实现更不是一朝一夕就可以做到的，但这并不能作为我们逃避的借口，在平日教学中，应加强教师的教研研究与讨论，积极参加学校的各种活动。努力创建和实施和谐高效、思维对话的课堂教学模式，全面提高课堂教学效率。从而使教师和学生在构建和谐高效思维对话课堂的实践中，建立合作关系，努力地学习、实践，打造民主、开放、快乐的课堂，真正实现"双赢""双发展"。

总之，在今后的工作中，我将不断努力，将自己所学都无私地传授给学生，并努力创新，寻求新的教学方法并更新自己的工作。

学本课堂下小组团队合作学习能力的培养

2020级历史备课组　陈俊颖

两年来,随着学本课堂的引入和深入学习,麒麟高中在韩教授学本课堂理论及实操的基础上,经过学校各学科教师和教研团队与学本课堂团队的充分调研,结合麒麟高中办学学情、特色而形成了具有"麒高特色"的"启潜·导学·团队"(PGG)学本课堂学习模式。在这个前所未有的大变革之下,学本课堂紧紧围绕学校促进每一个学生"想学、乐学、会学、治学"的学生发展目标,对教师和学生提出了更高的要求和更大的挑战。要培养一个德才兼备、自主合作、学创俱能全面发展的有品质有能力的栋梁之才,学校需要让学生学会小组合作团队学习,共同进步、共同发展。以我个人在历史学本课堂的实践反思为基础,我从以下四个方面的学法策略进行讲述,以期学生的学习能力、成绩、综合素养快速发展。

一、结构化预习策略

在学本课堂的第一个环节中,结构化预习是最为重要、也是师生发现问题解决问题的重要指向标。结构化预习能够及时反馈学生在课前预习中对课程内容重难点的把握情况,为教师在备课及课堂中提质增效。但从高一年级的结构化预习检查和反馈情况来看,依然存在以下问题:

1.结构化预习中,课本勾画与工具单完成不同步。

2.课本三色笔勾画不规范。

3.没有对工具单问题进行标注。

4.关键信息提取不准确。

5.存在少数大段勾画的情况。

6.工具单做答时未能标明序号、学科语言不规范。

如通篇课文勾画,没有找到关键信息,对应不了工具单问题,无法为做答提供依据。

如大概能找到一些关键的问题、关键词,但是太过简略,做工具单的时候又要"返工"阅读,浪费时间,答题时通篇"搬运"。

如通篇"搬运"课文,找不准答题要点,答题格式不规范。

针对上述问题,结合实际操作情况,我认为可以从以下方面找到突破口:

(1)充分利用工具单,对照课本相关内容,进行个人结构化预习(15分钟)。要求如下:

①阅读工具单中【预习评价】【教师预设】问题。

②带着问题,大致浏览课本子目,并标注Q1…QA。

③仔细阅读课文内容,对照问题要求,具体标注A1(如:背景①②③…影响:①②③…),用红、蓝、黑三色笔对重点、关键信息勾画。

④结合课本勾画关键信息,完成工具单,答案须有序号、学科语言规范。

(2)根据个人结构化预习方法,进行小组讨论合作学习(10分钟)。

要求:

①互相交流展示个人第一阶段预习成果及方法,集思广益,博采众长。

②每个小组讨论商议后得出本组最佳结构化预习方法。

③用便利贴写下本组的方法并选取一本结构化预习做得较好的为范本上交。

教师指导:【如:①时间、地点、人物、特殊名词、纲领文件等用蓝笔画圈。②过程:背景用红笔"波浪线""双线";内容用黑色"横线";影响用蓝色"括号";③关键词,用着重符号。

(3)根据小组结构化预习方法汇总,制定班级历史学科课本结构化预习方法。

课本三色笔勾画标准：

时间、地点、人物、特殊名词、纲领文件等用红笔画圈。

过程、背景用红笔"波浪线"。

内容用黑色"横线"。

影响用蓝色"横线"。

关键词用"三角形"着重符号。

工具单问题标注：

(1)在课本上用红笔写下QA(工具单问题与课本各子目相应之处)。

(2)在标注了QA的子目下的课文内容中,分点标注(如：A1背景：①②③；A1内容：①②③；A2历史意义：①②③)。

二、合作探究策略

课堂上的小组讨论学习,是解决诸如原理、概念等直观问题等最有效的方式。通过小组讨论,既可以对预习环节查缺补漏,也可以互相交流学习方法。但讨论中也存在以下问题：

1.合作探究问题的能力有限。

2.缺乏质疑精神。

3.存在"重结论轻过程"的现象。

4.小组讨论缺少纪律约束。

5.时间掌握、合作学习内容分配缺乏经验。

6.评价机制的影响。

针对上述问题,我认为可以从以下几个方面解决：

①学习长负责讨论中具体任务分解与分配；负责确定本组中的主持人、展讲者、和记录者,被确定者不得拒绝(每个人轮流,都要互相承担角色人物),讨论中相互配合、协调。

②学术助理在整论(3分钟)时,分配工具单问题,分到问题的小组展开专论(2分钟)。

③小组成员要对工具单的问题,结合课前结构化预习要求,由主持人(每节课的主持人小组内轮流交换)对工具单问题标注、课本各字母内容、关键内容等以自己结构化预习为范本,进行解答(念自己课本中的勾画标注),小组成员对主持人所讲问题有疑问和补充的,恰当地发表自己的见解(如:关键信息遗漏、内容不完整等。必须全员参与讨论,互相学习,查缺补漏)。

④讨论活动需在教师规定的时间内(15分钟)完成。

⑤讨论应符合高中历史课程的基本范畴,禁止任何形式的人身攻击和限制其他人的发言自由,不允许涉及与讨论主题无关的内容。

⑥小组成员发言时,声音洪亮,其他同学必须认真听取,不允许讲话、嘲笑、干扰、挖苦、打击,不能干扰正常的课堂教学秩序。

⑦学术助理负责加减分统计。

三、展讲策略

学生的展讲是培养学生综合能力最重要的一环。通过展讲,学生的语言组织表达能力、逻辑思维能力、自我展示能力等可以较好地得到锻炼。但透过展讲也发现了其中一些不小的问题:

1.回答问题不规范,分点描述的习惯未养成。

2.面对其他未展讲小组或同学的质疑和补充,不能及时发现正误,多以"满意"敷衍,并未真正思考,发现本小组的问题。

3.一些小组主持人、展讲者容易固化。

4.展讲声音不够洪亮,达到展背还有差距。

5.白板的使用不规范,展写拖沓。

针对这些问题,可以这样解决:

①展讲者与主持人应配合,对所讲问题需按答题要求分点序号化、要点化作答,并且展示小组讨论学习课本段落中关键词、句的勾画,全班互相学习补充。

②展讲者的展讲内容须在小组讨论中,精简、概括。

③展讲者、主持人须在不同课程内容节次和被分到展讲任务时,轮流交替,展讲时声音洪亮,自信大方。

④面对质疑时,仔细思考,如遇到不理解的补充时,及时提问,寻求解答。

⑤白板展写时须分点列出、标明序号,提高展写效率。

四、评价策略

要想真正有效地激发学生想学、好学、乐学、爱学的热情,并且调动小组团队的充分参与,互帮互助,就需要建立一套完善的评价机制。

以班为集体,小组为个体,通过学校规定的班级小组评价加减分和奖惩机制,促学、带学,使小组合作团队学习实现效果最大化。

总之,高中历史课开展小组合作团队学习,对于培养学生学习力,给每个学生提供所需的个性化学习、成长路径,规范学生学习行为,培养良好的学习习惯具有重要的实践意义。

基于"学本课堂"下历史有效课堂教学反思

2020级历史备课组　贾宝柱

学生学习的过程就是发现问题、分析问题、解决问题的过程,有价值的问题能使学生的思维始终处于积极、主动、愉快的活跃状态中。我校的"学本课堂教学模式"就是为体现学生的主体地位,改变以往的"以教师为中心"的教学模式,着重培养学生的自学能力和动手操作能力,使他们变"学会"为"会学"的新课堂模式。学生在小组合作中各抒己见,充分阐述自己的理解,这样的教学使学生乐于探索,敢于探索,也激发了学生的创新意识。通过2019年实施"学本课堂"到现在,我对历史学本课堂反思如下:

一、注重学生对历史的兴趣培养

兴趣是最好的老师。只有学生对学习有兴趣,才会积极地探索,敏锐地观察,牢固地记忆和丰富地想象;才能具有创造性。要搞好教学关键在于提升学生的兴趣。在情境教学中,运用各种情境的主要目的就是充分调动起学生学习知识的积极性和兴趣,让他们在愉快的心理状态下主动学习,这是历史课教学获得成功的关键。诚然,在历史课的教育教学过程中,我们可以运用诸如许多现代化教学手段,比如:可以采用讲述历史故事、讨论会、历史辩论赛等形式和教学内容有机结合的方法进行教学,以便激发学生的求知欲和新奇感。不过,这只是解决了形式上的问题;要真正培养起学生学习历史课的兴趣,还得从课堂教学内容本身去下深功夫,教学效果会更好。

二、建立融洽的师生关系,创建有效的学习氛围

课堂教学质量的高低很大程度上取决于课堂之中及课堂之外师生关系的好坏。课堂效果反映了师生关系,融洽和谐的师生关系有助于创造和谐的课堂气氛,这需要教师在主观上做积极的努力。教师要做学生的贴心人,要了解他们的心理特点,关心他们的学习,尊重学生的思想,善于激励他们。只有站在学生的立场上对学生的鼓励和批评才具有实际效果,否则产生负面影响。

在历史课堂教学中,我们所面对的学生程度参差不齐,教师要尊重学生的思想,不要挫伤他们的积极性,尤其对学困生,教师的态度要慎重,委婉,更不能放弃对他们的努力。教师要努力寻找他们的闪光点加以鼓励,帮助他们树立信心。如给他们介绍一些方法,和他们建立一种融洽的关系。师生的融洽关系使学生感觉到课堂气氛轻松,学生表现出愿意配合教师的教学,教与学的活动才能得到良好开展,从而创建出有效的学习气氛。

三、教给学生学习和解决问题的方法

"授之以渔"是我国历代教学的经验结晶,从现代教学论来看,"教学"的真正含义应是教师如何教,学生如何学,教师只有让学生自己学会读书,教会学生学习,才是传授了打开信息之锁的钥匙。只有掌握学习方法,才能步入攀登科学顶峰的阶梯。在平日的历史教学中,我进行了一些探索,摸索出了"把学法指导贯穿在历史课堂教学始终"的教学模式,实践证明,学法指导是培养学生能力的有效途径。

高中阶段,学生对历史学习尽管很有兴趣,也乐于听讲,尤其对历史故事、历史典故等特别感兴趣,但缺乏的主要是历史解题方法和学习方法的指导。在历史课的学习中,有相当一部分学生往往整节课都只是听教师讲解,自己却不积极响应,甚至也不想动脑筋,这怎么出效果呢!所以,我们必须加强对学生的方法指导。一方面,教给他们学习历史课的有效方法,让他们学会听课,把握看、听、记、理、补的方法,记好历史课堂笔记,学好历史课;另一方面,通过例题的分析讲解,教给他们解题的步骤和方法。比如,开卷考试中的材料分析说明题的解答,要求学生把重点放在对材料和所列题目的审析上,首先搞清楚材料提供的知识

信息,以及问题的实质,再把思维正确回归到知识的所有出处;接下来才是知识的组织做答,此时要求学生做到思路灵活而开阔,分析浅显而到位,一个要点书写一个段落,必要时根据题目分值来判断答题要点的多少,这也能检验学生对知识的掌握情况。

四、努力让学生参与合作学习,"练"出学生的真水平

历史课是语言运用课,是训练课。许多知识的掌握和能力的培养不是靠教师"教"出来的,而是靠学生"练"出来的。组织课堂小组活动的目的是要让全体学生在小组中积极、充分地进行"谈、说、评、议"等言语表达活动,从而达到学生个体听、说、读、写能力的全面发展。

总之,在"学本课堂"教学中,我们要注重研究学生学习历史的方法,注重生的学习与发展,力图使学生通过历史学习,逐步掌握开启历史之门的金钥匙,成为能够认识历史的真正主人。

地理课堂小组合作学习能力培养
——以麒麟高中学本课堂的实施为例

2018级地理备课组　胡玲

高中地理是一门综合性很强的学科,注重结合实践、注重学生的逻辑思维能力和分析解决问题的能力。学本课堂小组合作学习的方式将班组原有教学模式下学生个体间的学习竞争关系变为组内合作、组际竞争的关系,将地理课堂传统教学与师生之间单向或双向交流变为师生、生生之间的多向交流,既提高了地理课堂上学生学习的主动性和对学习的自我控制,提高了教学效率,也有益于学生地理核心素养能力的培养。本校自2019年秋季学期起开始实行学本课堂教学模式,班级日常教学工作以小组为单位开展,成绩斐然。

一、高中地理开展学本课堂小组合作学习的必要性

小组合作学习兴起于20世纪70年代的美国,是近代教学体系中重要的一种理论体系,目前普遍流行于世界各国,并得到广泛应用。我国在20世纪90年代初期引入"小组合作学习"的教学方式,并引发国内对于小组合作学习的研究与探讨。

《普通高中地理课程标准(2017年版)》在基本理念中明确提出:"根据学生地理核心素养培育和形成过程的要求与特点,科学设计地理教学过程,引导学生通过自主、合作、探究等学习方式,在自然、社会、生活等情境中开展丰富多样的地

理实践活动。"教学过程是一种师生间的双边活动过程,应鼓励师生之间相互交流、积极互动,从而实现共同发展。地理学科是一门综合性很强的学科,尤其是在近几年新课程改革要求下对学生的人地协调观、区域认知能力、问题的综合分析能力等要求越发地高,学生光凭借闭门造车、埋头苦背已远远无法满足新课改的要求。小组合作学习可以实现生生之间的互补互通,通过日常教学任务完成过程中的探讨、争论,可达到取他人之长补己之短的作用。

二、学本课堂小组合作学习方式的落实

(一)学本小组合作学习的流程

小组合作学习方式提出较早,但是在实际的教学操作中部分课堂中的合作学习存在很多问题,小组合作学习的优点并没有真正地体现出来。我们认为小组合作学习并不是简单地把学生分成小组进行学习,而是以小组为单位形成的一个互帮互助的学习团体。

为确保小组合作学习落到实处,首先,我校的学本课堂小组合作学习按每6人一组的标准进行分组,要求每组成员商讨后确立本组的学习愿景、组员任务、负责人员分工,以此作为生生沟通的开端;其次,教师对学生提出小组合作学习的方法及要求(包括结构化预习的具体要求、小组内如何分工合作等);在教师引导下,以小组为单位,组内相互监督教学任务的完成情况并通过组内、组间展讲来促进学生梳理知识、查缺补漏;以小组为单位进行学习评价,并设立一定的奖惩机制,促进学生集体荣誉感的形成,从而更积极地参与小组合作中来,互相促进。

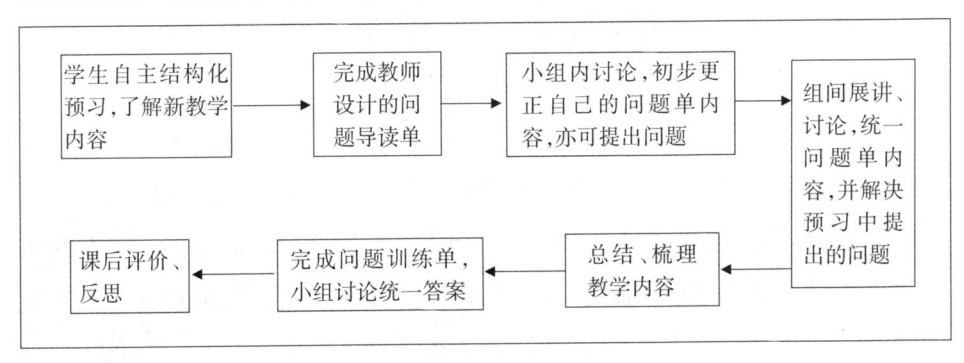

图2 学本课堂小组合作学习流程图

(二)学本课堂小组合作学习的效果评价标准

小组合作学习提倡评价主体多元化和评价方式多样,为了更合理地对本校地理课堂小组合作学习情况进行研究,我们尝试从定性和定量两个角度来分析。

1.定性。教师从学生结构化预习对章节重难点的勾画、思考、设问情况进行引导;小组学科长、班级学术助理在小组合作学习中能否按照教师要求分配讨论、展讲任务,协同完成教学内容;小组讨论时组内的参与度情况,组间讨论、展讲、补充、质疑时的语言表述情况等,评价学生有没有积极参与小组合作学习中、有没有掌握基本的讨论沟通技巧、专业综合分析解决问题的思路如何等。

2.定量。教师根据各班课后拓展训练单的完成效率和正确率情况,多次月考、统测的小组成绩变动与近期小组课堂学习状态对比等来分析学本课堂下的小组合作学习与学生地理学科学习的相关性,进而调整教学策略。

三、教师在学本课堂小组合作学习模式中的教学建议

1.鼓励、肯定积极参与小组学生在小组合作中的带动作用,他们地理知识基础较好、逻辑思维能力较强,可以在小组合作学习中起到很好的引领带动作用。但是也要注意控制"个人秀"的出现,如每次小组讨论或者展讲都由个别人承包,教师要强调考核是以小组团队表现作为考评标准,组员应轮流完成对外的展讲、展画任务。

2.教师进一步跟进学困生的课前结构化预习完成情况,学困生对教学内容了解、有了思考,他们才有参与小组讨论、展讲的内容和"底气"。

3.教师要"引导",也要"隐身"。在课堂教学中进一步加强学生的学习主体地位:小组学科长组织推进组内讨论学习任务,学术助理推进课堂学习流程,教师掌控整体教学进度的推进和学生讨论、分析的情况。大小同学各司其职,但尺寸的把握还需结合班级具体情况磨合、微调。

4.加大对学术助理的培养。学术助理在学本课堂中看似承担了较多的任务,但因其需推进课堂学习流程,并根据教师要求进行相应的调整,注意力高度集中,学习效率其实很高。因此教师可以慢慢让学术助理对课堂小组讨论、展讲内容进行初步归纳,提升其专业素养。此外,教师还可授权学术助理每一至两周

主持召开一次学科团队会,对班级地理学习中存在的问题,从不同的视角来观察、反思解决的措施,让学生学会管理自己,提升学生的自主学习能力。

5.教师继续细化工具单的开发。教师团队根据课程标准要求和近些年高考试题变化,结合本校学生的学情对工具单内容精心设计:如问答题、填图题、选择题、综合题等。内容形式多样,容量适中;并对难度分级,以适应不同班级的使用需求。

6.进一步完善并落实教学评价体系。如结构化预习的标准、小组讨论完成度;学生自己、小组之间、师生之间的评价标准等。拟定得越详细,越有利于日常学习实施情况的评价,从而营造学生之间的竞争氛围,提升学习的积极性。

学本课堂模式下如何培养学生高考地理答题能力

2018级地理备课组　周婷

地理是一门包含自然要素、人文要素以及二者关系的综合性课程，它既要求学生具备抽象思维能力，又强调学生要在地理学习中发展感性思维，所以，高中生在学习地理时往往会感觉非常困难。而地理作为一门重要的高考课程，学生的解题能力对最终的成绩有着比较大的影响。所以教师在日常的教学中，应该发挥学本教育理念，有意识地在地理课堂中锻炼学生的自主探究能力和逻辑思维能力，不断提升学生的地理答题能力。

一、当下高中生在地理答题中存在的问题

（一）审题不清楚

《地理新课程标准》对地理科目提出了新的要求，所以在高考地理中更加注重对知识点迁移运用能力的考察，一般情况下考题并不复杂，涉及的知识也相对比较基础。但是在考试过程中，由于学生审题出现偏差，最终导致答案与题目不相符合。

（二）知识点运用能力差

地理的知识点包含多个考点，各个知识点之间存在比较密切的联系，相互之间的逻辑性很强，但是在目前的考试中，学生对地理知识点之间的联系认识不清，很难将他们进行综合性的运用。

(三)答案过于浅显

无论是在学习还是考试中,总有一部分学生不能端正自己的学习态度,在学习时不能深入理解知识的内涵,导致在考试答题时,答案过于浅显或者答案不完整,从而失去了得高分的机会。

(四)文字表达能力差

我们这里所说的文字表达能力,主要可以指两方面:一是字迹潦草,卷面整洁度差,语句不通顺甚至没有标点符号;二是口语化现象非常严重,在答题时缺乏专业词汇,用过于口语化的语言答题,这样就导致学生在转述的过程中容易出现知识性的错误。

二、学本模式下培养学生高考地理答题能力的策略

(一)提高学生审题能力

审题是答题的第一个步骤,也是解题的关键步骤,因此,教师在日常教学中,应该培养学生的审题能力,提升他们提取题干信息的能力,摸清题目的考察意图,使他们形成良好的学习习惯。比如,教师可以在讲解题目时,要求学生自行阅读题目,并要求学生分析题干内容,说出题目考察的知识点,通过这种方式,培养学生发现问题和解决问题的能力。

(二)加强基础知识教学

高考地理中涉及的基础知识点非常多,教师应该加强基础知识的教学,为学生建立一个立体、完整的知识体系,能够使学生在考试时随时提取、灵活运用基础知识。例如,在《自然灾害的成因》中可以设置以下这类的练习题,考查学生对基础知识的掌握,如荒漠化产生的原因,答案具体可以分为两个大的方面,人为原因和自然原因,学生可以根据掌握的基础知识进行查缺补漏。

(三)注重理论与实际的结合

知识来源于生活,也应该为生活服务。地理研究的内容正是生活中存在的现象,但是在应试制度的影响下,教师在教学过程中,往往会忽视教材中出现的真实案例,只关注学生理论知识的掌握情况。而在学本理念指导下,教师应该激

发学生的学习兴趣,通过将理论知识与生活实际相结合,增强学生的直观感受。例如,在鲁教版高一必修一《学用地形图探究地貌特征》之中,教师可以将学生分成小组,收集本地地形地貌图,然后进行组内的分析和讨论,最后教师对学生讨论之后仍然疑惑的知识点进行讲解。通过这种方式,不仅将学习与生活联系起来,还使学生了解了使用地形图探究地形地貌的方法,从而为解答高考中涉及使用地形图的题目奠定基础。

(四)培养学生的空间思维能力和计算能力

高考地理虽然是人文科目,但是其中却蕴涵了丰富的理科思维。因此,学生在掌握了基本的人文思维之外,还应该掌握空间思维能力和计算能力。教师在这个过程中,可以有意识地为学生设置空间感较强的题目,让学生在练习中增强空间思维能力和计算能力。

三、学本模式下培养学生高考地理答题能力的意义

(一)有利于培养学生的解题思维,增强他们的答题信心

解题思维是答题中的关键,只有具备了这个要素,才能使学生在答题时获得灵感和思路。所以,在学本模式下,通过学生的自主探索和教师的引导,能够培养学生的解题思维,从而增强他们的自信心。

(二)有利于引导学生改进学习方法,提升地理教学和学习的质量

学生在学本模式下的学习,使得他们能够充分展示自我,不断地获得自信心,在实践中摸索出一套适合自己的学习方法,从而提升地理的教学质量和学习质量。

(三)有利于开发学生的地理学习能力,促进他们综合能力的发展

教师在培养学生的答题能力的过程中,不只是为了提高学生的高考成绩,在传授知识的同时,也使学生掌握地理的学习方法,不断提升逻辑思维能力和知识运用能力,所以说,培养学生的答题能力有利于开发学生的地理学习能力,提升他们的综合能力。

总而言之,学本课堂理念下的地理教学应该更加关注学生的主体地位,教师在地理课堂教学中,应该牢固树立以学生为本的观念,培养他们的自主学习能力、合作探究能力以及空间思维能力,从而促进学生高考地理答题能力的提升,不断提高地理学科的教学效率。

学本课堂引领师生共成长

2019级地理备课组　魏然蓉

从2019年9月初识"学本课堂"的教学理念到现在为止，已经有两年时间了。在这段时间里，我认真研读了韩立福教授的学本课堂相关书籍，积极参加培训，并参与学校优秀教师的课堂听评课，从刚开始的一无所知到现在已经对学本课堂有初步的理解与掌握，能用学本教育的理论指导我的教学工作。从学习学本课堂的理念再到在实际教学中的运用，这一路走来，思考良多，收获良多。

根据这段时间的学习和实践，我理解的学本课堂是指以学习者学习为本的课堂。这里的学习者不是单纯的指学生，而是指教师、学生和直接参与者。也就是说，在学本课堂中，没有纯粹的教师，教师身份将发生本质性变化，教师是大同学。具体而言，学本课堂就是教师和学生协同合作，共同围绕着核心问题开展自主性的探究学习，在单位时间内解决问题，实现学习目标，促进教师和学生共同成长的学习活动。在师生关系方面，有别于教本课堂，师生关系不是上对下的长幼关系、授受关系，而是真正意义上的民主、平等、人文和谐的发展关系。师生为了共同的目标而相互合作，相互帮助，追求的是一种真学习。在教学关系方面，师生之间不是那种传授和告知关系，而是合作学习，共同建构知识发展能力的关系。师生共同创建小组合作团队学习机制，创建人文、自由、开放、多元、灿烂的学习氛围，让学生实现真实、自由、自主的阳光学习。通过学本课堂学习，我认识到教学最终目的是让每位学习者生命得到精彩绽放。

对教师而言，优秀教师不再是单纯指传递式讲授型教师，而是指能够落实素质教育思想、践行新课程理念、掌握先进教学艺术，能够根据学生发展需要提供智慧、情感、智力服务，并能够自觉自主地促进专业发展的知识建构型教师、终身学习型教师和科学研究型教师。教师专业发展是一个动态发展的过程，由不成熟到成熟，由低级到高级，由普通到优秀。这种专业发展不仅是教育改革和教师队伍专业化建设的客观要求，也是教师专业成长的内在需求，更是教师体现自己生命的意义、实现生命的价值和主动持续专业发展的现实选择。在由普通教师走向优秀教师的过程中，发挥主要作用的关键要素就是教师教育力。学术课堂是指的以学生为本的课堂。在这样的学本课堂中，没有一直教的教师，也没有一直学的学生，教师的身份将发生本质性的变化，教师只是学生学习的引导者和合作者，而不像以往只是知识的传授者。具体来说，学本课堂就是教师和学生共同合作、围绕着目标课题开展自主探究学习的课堂。学生通过自学、小组讨论，主动积极地参与知识产生的过程中。课堂的参与度与传统课堂相比得到了大大的提高。

对于学生而言，课堂教学是其学校生活的最基本构成部分，直接影响其当前及今后的发展。学本课堂上，知识是有生命力的，学生要亲身去经历知识发展的曲折过程，感知知识中蕴含的智慧与能量，在这个过程中，学生可以感受学习与思考的乐趣，发现自我存在的价值和学习的意义所在。学习的形式是多样化的，包含了个人探究、小组合作、师生共探，学生在个人探索中学会自主学习的方法，形成独立思考的能力，在小组合作中逐渐形成团队合作能力、人际交往能力、表达能力，在师生共探中逐步形成质疑能力、归纳推理能力等。师生关系出现了新的变化，学生是问题发现与解决的主体，居于课堂的中心地位，教师是学生智慧的发现者与促进者，同时也是需要不断成长的智慧个体。

学本课堂倡导的自主学习、合作学习，都是以学生的积极参与为前提，没有学生的积极参与，就不可能有自主、探究、合作学习。实践证明，学生参与课堂教学的积极性，参与的深度与广度，直接影响着课堂教学的效果。教师应关注，学生所回答的问题、提出的问题，是否建立在思考后的基础之上，每一个学生的发言是否会引起其他学生的思考；学生的参与是不是主动、积极，是不是学生的自我需要;学生交往的状态,思维的状态是否良好,教师不能满足于学生都在发言,要看学生有没有独立的思考。以往简单的问答式,一问一答,学生好像忙得不亦乐乎,但实际上学生的思维仍在同一水平上重复。所以教师要放权给学生,给他们读、想、做、说的机会,让他们讨论、展讲、质疑,围绕某一个问题展开讨论。教师给了学生时间和权利,让他们充分进行思考,充分表达自己的思想,让学生放开说,并且让尽可能多的学生说,使学生兴奋起来,参与的积极性高起来,这样参与度也大大提高。在这样积极、主动、兴奋地参与学习的过程中,个体才能得到发展。

  总之,在以后的教学工作中,我还将继续学习有关学本课堂的教育理念,将学本课堂的教育理念体现到我的课堂中,努力做到真正把学习的自主权还给学生,积极做学生学习的引导者,让他们自己去探索,去发现,去动脑,在自己亲身体验的过程中学到知识,快乐成长,使他们对学习充满兴趣,做学习的主人,同时也让自己的课堂更加精彩。

谈实施学本课堂对教师专业发展的意义

高二年级地理组　郭平林

学本课堂,是指以学习者学习为本的课堂。这里的学习者不是单纯地指学生,而是指教师、学生和直接参与者。也就是说,在学本课堂中,没有纯粹的教师,教师身份将发生本质性变化,教师是大同学。具体而言,学本课堂就是教师和学生协同合作,师生共同创建小组合作团队学习机制,创建人文、自由、开放、多元、和谐的学习氛围,让学生实现真实、自由、自主地阳光学习。在课堂教学中,学生是学习的主体,教师应高度关注学生的学习状态,着重培养学生的学习品质,着力指导学生自主学习,并以此为根本展开教学活动。通过学本课堂教学,最终是让每位学习者生命得到精彩绽放。

教学主要不是依靠教师的教,而是依靠学生的学。我们经常会发现,在教学中我们太自作多情了,很多时候我们一厢情愿地承担了许多工作,渴望学生按照我们设计的方向去发展,但往往事与愿违。课堂应该在给予学生充分的前置性学习的基础上,放手让学生去讨论、思辨,能学会的自己学会,不能学会的创造机会让他学会,真正实现教育是为了帮助学生,而不是限制学生。教师不应该做"拉动学生的纤夫",而应该做"生命的牧者",把学习的主动权还给学生,让学生成为课堂的主角,把培养学生学习兴趣、学习习惯和学习能力作为课堂教学的关注点。

在一节地理课中,学生才是占主体地位的,学本课堂倡导把学习主动权交给学生,对于教师来说,要想让学生主动学习,必须营造一个轻松、和谐、民主、平等的课堂氛围,只有这样,我们的学生才敢讲想讲也能讲,在这种氛围里,我们的学生才能逐步走近科学,成为研究科学的"行家里手"。学生对学习充满了好奇和创造欲望,教师应让学生自己去做、去发现、去研究、去感悟。

通过学本课堂的实施,我把学本课堂的知识真正用于自己的课堂教学中,优化了我的课堂,让学生在和谐、快乐的环境中去通过自己的努力,探究来获取知识,培养他们乐学地理、爱学地理的良好品质。学本课堂让我不仅从理论上得到了升华,而且从实践上也进行了一次新的洗礼,让我更深入地了解了团队的概念。

二十一世纪,是一个充满挑战的时代,拥有知识才能抢占先机,不断更新知识、更新观念,才能紧跟社会发展潮流。在今后,我要继续学习学本课堂教育理念,不断丰富自己的教学技能,认真贯彻到自己的教学实践中去,在日常教学中落实"改变一点点,一点点地改变"的思想,真正把学习的自主权还给学生,引导他们自己去探索、去发现,在反复验证的过程中学习知识、快乐成长,使他们真正地成为学习的主人,也让自己的课堂更加有魅力。学本课堂,让我能以更宽广的视野去看待我们的教育工作,让我学到了更多提高自身素质和教育教学水平的方法和捷径。相信在今后的工作中我会带着收获,带着感悟,带着新的教学理念,不断前行。

浅谈实施"学本课堂"对我成长的意义

2020级地理备课组　方兴富

2019年曲靖市麒麟高级中学引入韩立福教授创立的学本课堂。接下来全校师生共同实施学本课堂,对于学本课堂的实施众说纷纭,通过两年的教学实践,我的感受颇深,具体如下。

一、引发学习热潮

(一)学本课堂是教学新思想、新内容、新方法的体现,要想实施必先学习。然而对我这样一个上了十多年传统课堂的教师来说,要想实施是有一定难度的。为了实施好学本课堂,我先是专心去听专家的课,从中学方法、取真经。接着实施学本课堂,实施的过程会遇到很多困难,于是再学习。同时看到其他同事也在学习,于是增强了学习的紧迫感,感觉时间老是不够,学不完。各位教师相互观课也产生了紧迫感,加之领导听课检查,各位教师的积极性更高了,在平时谈论的内容都是学本课堂。学校有很多竞赛、过关课,每个教师都会很重视,如果不重视,可能会带来很多问题,谁也不想出问题。于是加紧学习。

(二)增强了学习意识,通过学本课堂,唤醒了教师学习的热情,由于学本课堂新,再加之新课改,因此教师的理念也在更新。

(三)教师应以学到的这些方法促进教学,学本课堂的实施,使教师讲的内容减少,这对教师的要求更高了,毕竟学生讲的不一定是标准答案,学生讲的教师不一定都清楚,讲得不规范的地方,还需要教师进行规范指导,因此要加强备课,要吃透教材、课标,加紧学习。

二、拓宽了地理知识

(一)学本课堂让我们意识到,我们想解决的问题的答案其实都来源于课本。因此师生应该认真阅读课本,通过读课本图文资料增加地理知识,拓宽地理知识,加深对地理知识的理解。教师开始重视教材,把教材作为第一手高考资料,同时以前的地理知识结构也有了进一步的优化,对以前所学内容有了更独特的体验、感受和总结。

(二)教师以前认为地理只要背一背就可以了,拓宽知识后,对地理的核心素养有了进一步认识,如厘清各要素,及其各要素的相互关系,形成地理思维。

(三)教师通过研究近几年的高考考点,悟出高考地理的方向、思路,以此指导自己备课、学生学习,取得了不错的效果。

三、教学设计能力有所提高

通过学本课堂学习,教师熟悉了问题发现评价课的操作流程,如创设情境,呈现目标,自主学习,结构预习,预习评价,合作讨论,小组展评,规范指导,归纳共生,生成问题。问题解决评价课操作流程,为创设情境问题呈现,自主学习,合作讨论,展示交流,规范评价,归纳概括,提升意义。问题综合解决评价课操作流程:创设情境,呈现目标,预习评价生成问题,合作探究,展示交流问题,组间展评,归纳概括,提升意义等。教师由此学会了怎样进行情境创设,呈现目标,如何制作工具单,如何制作问题训练单,目前已经能灵活运用。

四、语言表达能力在提高

学本课堂规范了操作流程,把要完成的内容设置成一种结构,同时教学内容较多。于是我思考如何减少语言表述,提高语言的表达能力,做到上课不说废话,语言精练,内容得体,提高教学效率。如以前生怕学生听不懂,重复延伸,拖延了时间,学生还不一定听懂,效率无法提高。通过学本课堂规范操作,我优化了各环节要表达的内容,努力做到语言表达更准确。

五、教育教学的组织能力得到提高

（一）以往教学都是靠自己单拼，现在建立了学习小组。每一科有学科长，学术助理，每一组有小组长。教师在课前对学术助理进行培训，很多问题可以由学术助理代替教师解决，既锻炼了学术助理，又可以减少教师上课讲的知识点，这样教师上课可以减轻很多负担。事实证明，通过几个星期的训练，学术助理能够完整组织一堂课的学习。一些背诵内容可以安排学术助理下来落实，各学科长再落实各小组的成员。教师任务减轻了，把精力放在落实各位学术助理和学科长上，效果不错。针对这些问题采取有效的解决措施，教学和教育效能会比较高。

（二）如果把控得好，自主预习效果会很好。如学生自主学习时，教师定时间，定任务，定问题。教师可以针对个别小组和个人进行小声指导。讨论学习时，让学生起立、聚首、开口、讨论、评价。起立时提高投入度，提升讨论效率，聚首时提高参与度，开口时让每个人都张嘴讨论，让他们做到坐立自如，行走自如。展示交流时，提示学生语言有逻辑，注意礼仪规范。当一个问题展讲不充分时，教师可以进行补充。

（三）教师形成做事有计划，有安排，有落实的好习惯，做到做每一件事都坚持做到底。

六、教育教学更加规范

（一）以前教学无章可循，随意性比较大，因此也很难找出教学的规律。

（二）现在教学基本上有章可循。如果效果不好，教师很容易反思哪个环节存在问题，具体是什么问题？然后再针对存在的问题进行分析、解决。由于大家都按照正确思路开展讨论，因此和大家一起讨论就更加容易，大家也乐于讨论。

（三）由专家进行指导，上手比较快。如果实在解决不了，可以直接问专家或者咨询韩教授团队。

总之，通过学本课堂的实施，本人觉得收获多多，已得到很多启发。今后将继续深入学习，把学本课堂作为提质增效的有效手段，同时感谢学校引入学本课堂。